ABITUR-TRAINING BIOLOGIE

Winkler • Wolff

Grundlagen, Arbeitstechniken und Methoden

STARK

Abbildungsnachweis
Umschlagbilder: Mikroskop: © janrysavy/iStockphoto; Pipette: © Olivier – Fotolia.com
S. 30 (links): aus Lerch, G.: Pflanzenökologie. Akademie Verlag GmbH, Berlin 1991
S. 30 (rechts): © Schuster, M.: Der Vogelzug – neue Erkenntnisse zum Zugverhalten der Vögel. In: PdN Biologie 7/43, Aulis Verlag, Köln 1994
S. 31 (oben): © Schuster, M.: Vom Atrazin zum Basta. In: PdN 7/44, Aulis Verlag, Köln
S. 31 (mitte): © Friday, A., Ingram, D. S.: The Cambridge Encyclopedia of Life Science. 1985
S. 33 (oben): aus Kleinig, H., Sitte, P.: Zellbiologie. Gustav Fischer Verlag, 1992 © Spektrum Akademischer Verlag, Heidelberg, Berlin
S. 34 (links): aus Hauber, F.: Gentechnische Nahrungsmittel. Arbeitskreis Gymnasium und Wirtschaft e. V., Unterhaching, 1998; Tomaschoff, Jan/ccc, www.c5.net
S. 34 (rechts): aus Hauber, F.: Gentechnische Nahrungsmittel. Arbeitskreis Gymnasium und Wirtschaft e. V., Unterhaching, 1998; Espermüller, Klaus/ccc, www.c5.net
S. 49: Werte aus Kalusche, D.: Ökologie in Zahlen. Gustav Fischer Verlag 1996
S. 57, Aufgabe 44: nach Maynard-Smith, aus Wickler, W., Seibt, U.: Prinzip Eigennutz. R. Piper GmbH & Co. KG, München 1991, verändert
S. 73: Storch, Welsch: Kurzes Lehrbuch der Zoologie. © Gustav Fischer Verlag, 1994 © Spektrum Akademischer Verlag, Heidelberg, Berlin
S. 78: Strasburger: Lehrbuch der Botanik. © Gustav Fischer Verlag, ^{34}1998 © Spektrum Akademischer Verlag, Heidelberg, Berlin
S. 82: Werte aus Ilzhöfer, M. G.: Das Madenrennen. In: PdN Biologie 1/47, Aulis Verlag, Köln 1998
S. 85, Aufgabe 66: Werte aus Strickberger, M. W.: Genetik. Carl Hanser Verlag, München 1989
S. 101: Lüttge, Kluge, Bauer: Botanik. © Wiley-VCH, Weilheim ^{3}1999
S. 111: © Nultsch: Mikroskopisch-Botanisches Praktikum. Georg Thieme Verlag, Stuttgart ^{10}1995
S. 113: aus Sengusch, P.: Botanik. McGraw-Hill Book Company, Hamburg 1989, S. 50
S. 115: aus Campbell, N. A.: Biologie. Spektrum Akademischer Verlag, Heidelberg 1997
S. 123 (links): Godet, J.-D.: Bäume und Sträucher. Thalacker Medien, Braunschweig ^{16}1999, S. 37, Bild 252
S. 123 (rechts): Edlin, H., Nimmo, B.: The illustrated encyclopedia of trees, timbers and forests of the world. Salamander, London

Folgende Abbildungen wurden von Peter Kornherr, Dorfen angefertigt:
S. 118, 122, 124 und 125

ISBN 978-3-89449-545-9

© 2011 by Stark Verlagsgesellschaft mbH & Co. KG
www.stark-verlag.de
1. Auflage 2001

Das Werk und alle seine Bestandteile sind urheberrechtlich geschützt. Jede vollständige oder teilweise Vervielfältigung, Verbreitung und Veröffentlichung bedarf der ausdrücklichen Genehmigung des Verlages.

Inhalt

Vorwort

Der Einstieg in die Prüfungsvorbereitung 1

1 Das Unterrichtsfach Biologie –
ein Netzwerk grundlegenden biologischen Wissens 1

2 Informationsbeschaffung 3

Aufgabenanalyse 5

1 Was wird bewertet? 5
2 Aufgabenstellung 6
2.1 Struktur und Inhalt erfassen 6
2.2 Signalworte – Schlüssel für den konkreten Arbeitsauftrag 7
3 Aufgabenbeantwortung – Gliederung und Darstellung 12

Geistige Arbeitstechniken und Lösungsstrategien 19

1 Kenntnisse darstellen und anwenden 19
1.1 Begriffe definieren und ordnen 19
1.2 Gesetze, Regeln und Prinzipien erläutern 23
1.3 Phänomene erklären und voraussagen 25
2 Materialien bearbeiten 30
2.1 Abbildungen 30
2.2 Formeln und Gleichungen 35
2.3 Diagramme und Grafiken 38
2.4 Tabellen 47
2.5 Modelle 53
2.6 Fachtexte und Zitate 58
2.7 Probleme erörtern 62

Fortsetzung siehe nächste Seite

3	Materialien erstellen	**66**
3.1	Schematische Übersichten	66
3.2	Skizzen	75
3.3	Diagramme	79
3.4	Tabellen	86
3.5	Modelle	89

Geistig-praktische Arbeitstechniken und Lösungsstrategien ... **97**

1	Erkenntnismethoden in der Biologie	**97**
1.1	Beobachten	99
1.2	Experimentieren	102
2	Arbeiten mit dem Mikroskop	**107**
2.1	Herstellen eines Mikropräparates	107
2.2	Handhabung des Mikroskops	110
2.3	Anfertigen mikroskopischer Zeichnungen	112
3	Bestimmen von Pflanzen	**116**

Lösungen ... 127

Autoren: Dr. Hans-Jürgen Winkler, Volker Wolff

Vorwort

Liebe Schülerin, lieber Schüler,

sicher haben Sie in Ihrem Biologiekurs bereits selbst die Erfahrung gemacht: Das Lernen biologischer Fakten ist zwar eine wichtige Grundlage, garantiert aber allein noch nicht das erfolgreiche Bestehen des Abiturs. Sie müssen in Prüfungssituationen den Arbeitsauftrag einer Aufgabe richtig deuten, Materialien exakt analysieren, Ihre Gedanken angemessen formulieren usw. Nur wenn Ihnen dies alles gelingt, können Sie Ihr erworbenes Wissen auch erfolgreich umsetzen. Dieses Buch hilft Ihnen dabei, wesentliche allgemeinbildende und fachliche Kompetenzen zu entwickeln, um mit Ihrem biologischen Wissen auch komplexere Frage- bzw. Aufgabenstellungen selbstständig zu lösen.

Der erste Teil des Buches beschäftigt sich mit der **Aufgabenanalyse**. Hier bekommen Sie Informationen über die Bewertungskriterien im Abitur, über Anforderungsbereiche und häufig verwendete Signalworte. Der zweite Teil des Buches ist **geistigen Arbeitstechniken** gewidmet. Dort finden Sie häufig auftretende Aufgabentypen: das Erklären eines biologischen Phänomens, das Interpretieren eines Diagramms, die Analyse eines Fachtextes, das Zeichnen eines Schemas und vieles mehr. Der dritte Teil des Buches enthält **geistig-praktische Arbeitstechniken** wie mikroskopische Untersuchungen, mögliche Experimente oder Pflanzenbestimmungen. Auch diese Arbeitstechniken können Teil Ihrer Abiturprüfung sein.

Neben einer Kurzcharakteristik der Arbeitstechniken und Methoden finden Sie jeweils eine **Beispielsaufgabe mit kommentierter Lösung**. Der Kommentar hilft Ihnen dabei, den Lösungsweg gedanklich nachzuvollziehen. Es folgen viele **Übungsaufgaben** mit ansteigendem Schwierigkeitsgrad. In den Aufgaben sind alle **prüfungsrelevanten Themen** berücksichtigt. Nach dem Lösen der Aufgaben können Sie Ihre Ergebnisse mit dem Lösungsteil vergleichen.

Wir wünschen Ihnen Freude beim Lernen und Entdecken in Ihrem Biologiekurs sowie viel Erfolg in der Abiturprüfung!

Dr. Hans-Jürgen Winkler   Volker Wolff

Der Einstieg in die Prüfungsvorbereitung

1 Das Unterrichtsfach Biologie – ein Netzwerk grundlegenden biologischen Wissens

Biologie als Unterrichtsfach ist heute mehr als die Vermittlung und das reine Auswendiglernen einer Flut von Fakten, Details und Fachbegriffen. In der modernen Biologie haben sich in Verbindung mit der gewaltigen Zunahme von Wissen neben den klassischen Bereichen neue Teilgebiete herausgebildet, wie Genetik und Gentechnologie, Mikrobiologie, Zellbiologie, Immunologie und Biochemie, die vielfältig miteinander vernetzt sind. Eine fächerübergreifende Naturwissenschaft erfordert solide Grundkenntnisse und ein neues Verständnis der Biologie. Gleichzeitig beeinflussen die Fortschritte der biologischen Forschung unser Leben.
Heute sind z. B. in der Gentechnologie und Reproduktionsbiologie Dinge möglich, die noch vor wenigen Jahren als undenkbar galten. Um sich eine eigene Meinung bilden und kompetent mitdiskutieren zu können, ist biologisches Basiswissen nötig.
Für die Abiturprüfung wichtig sind vor allem Grundkenntnisse in der Zellbiologie, Stoffwechsel und Energieumsatz, Ökologie und Umweltschutz, Informationsverarbeitung und Verhalten, Genetik, Entwicklung und Evolution. Diese Bereiche sind vielfältig miteinander vernetzt, wie die nachfolgende Übersicht (Abb. 1) andeutet.
In den einzelnen Kurshalbjahren werden dabei die Basisinhalte exemplarisch erarbeitet, d. h., es wird kein lückenloses Detailwissen vermittelt, sondern wesentliche Inhalte werden an geeigneten Beispielen besprochen, um ein zusammenhängendes, konzeptionelles Verständnis der Biologie zu entwickeln. Anstatt in einem Sammelsurium von Fakten, Fachausdrücken, unzähligen Detailinformationen und Experimenten umherzuirren, wo man „den Wald vor lauter Bäumen nicht sieht", ist es wichtig, den allgemeinen Überblick zu bekommen.

Das ermöglicht Einsichten in Querverbindungen zwischen den einzelnen biologischen Disziplinen und zusätzlich in deren Wechselbeziehungen mit gesellschaftlichen Gegebenheiten. Das hat z. B. auch erhebliche Auswirkungen auf unsere Sichtweise der Natur, unser Umweltbewusstsein, unsere Gesundheit und nicht zuletzt unsere Kultur.

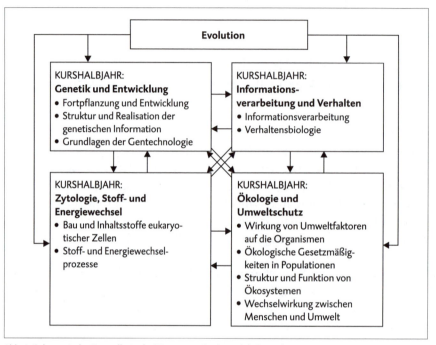

Abb. 1: Schematische Darstellung der Vernetzung biologischer Disziplinen

Für die Abiturprüfung bedeutet dies, beim Erkennen und Lösen komplexer Aufgabenstellungen und Problemen zum Umweltschutz fächerübergreifend die gegenseitige Abhängigkeit von Biologie als Naturwissenschaft, Technik und Gesellschaft zu beachten. Dabei müssen neben biologischem Wissen auch wirtschaftliche, politische und kulturelle Gesichtspunkte bei der Beantwortung berücksichtigt werden.

Die Bearbeitung von biologischen Fragestellungen und Problemen der Abiturprüfung erfordert neben entsprechendem **Basiswissen** auch bestimmte **fachliche Qualifikationen**. Die Prüfungsvorbereitung beschränkt sich deshalb nicht auf das Lernen, Wiederholen und das richtige bzw. vollständige Wiedergeben von Sachwissen, sondern umfasst auch das Erlernen, Üben und Anwenden bestimmter geistiger und geistig-praktischer Arbeitstechniken.

Dazu gehören in der Biologie u. a.
- Beobachten und Beschreiben biologischer Objekte und Sachverhalte
- Planen und Durchführen von einfachen biologischen Experimenten und Untersuchungen
- Protokollieren von Beobachtungen bzw. Experimenten und Erfassen bzw. Auswerten der Beobachtungs- und Messergebnisse
- Darstellen der Ergebnisse in Form von Tabellen, Grafiken, Diagrammen und Abbildungen
- Kennen und Anwenden von Modellvorstellungen
- Fertigkeiten im Umgang und bei der Handhabung des Mikroskops und das Anfertigen einfacher mikroskopischer Zeichnungen
- Fähigkeiten zur Nutzung biologischer Bestimmungsliteratur

Auf den Punkt gebracht

Prüfungsvorbereitung zielt nicht nur darauf ab, sich einen Überblick über das Basiswissen der Biologie zu verschaffen. Erfolgreiche Prüfungsvorbereitung bedeutet, dass man in der Lage ist, die Struktur und den Inhalt von biologischen Aufgabenstellungen und Problemen zu erfassen, kreative Lösungsansätze zu erstellen, zunehmend selbstständig und sicher einfache und komplexe Zusammenhänge sprachlich richtig in logischer Abfolge darzustellen und mit den jeweils angemessenen Methoden zu lösen.

2 Informationsbeschaffung

Die Prüfungsvorbereitung beginnt damit, sich einen Überblick über die in den vier Kurshalbjahren behandelten Themen zu verschaffen. Grundlage und erste Orientierung dafür bilden die **Unterrichtsmitschriften**. Sie geben mehr oder weniger detailliert Auskunft darüber, welche Themen in welchem Umfang und mit welcher fachlichen Tiefe im Unterricht behandelt wurden. Gute, brauchbare Unterrichtsmitschriften sollten nicht nur den Ablauf und Inhalt der Unterrichtsstunde wiedergeben, sondern durch zusätzliche Informationen und eigene Kommentare ergänzt werden.

Um sich fundierte Kenntnisse über ein entsprechendes Thema anzueignen, ist es notwendig, sich weitergehende Informationen aus entsprechenden **Schulbüchern** zu beschaffen und sich vertieft mit den jeweiligen Inhalten auseinanderzusetzen. Eventuell sind Informationen aus Fachbüchern erforderlich. Enzyklopädien und Lexika bzw. Fachlexika sind weiterführende Informationsquellen, die man für die Prüfungsvorbereitung nutzen kann. Dabei ist es jedoch von Anfang an wichtig, dass man den Überblick nicht verliert und sich am jeweiligen zum Thema gehörenden Basiswissen orientiert. Zusätzliche Informationen und Beispiele sollten dazu genutzt werden, Grundkenntnisse zu vertiefen und das Verstehen, die mögliche Anwendung und den Transfer zu erleichtern.

Auch entsprechende populärwissenschaftliche Zeitungen (P. M., Geo u. a.) und Fachzeitschriften enthalten eine Fülle von aktuellen Informationen zu den Themen der vier Kurshalbjahre. Entsprechende Artikel können im Ordner der Unterrichtsmitschriften unter dem jeweiligen Thema archiviert werden.

Auch die Fernsehprogramme der öffentlich-rechtlichen Sendeanstalten bieten in ihren Sendereihen und Beiträgen zu biologischen Themen eine Vielzahl interessant aufbereiteter Informationen. Bei Themen mit aktuellem Bezug lohnt es sich auch, die eine oder andere Information aus dem Internet zu entnehmen. Diese ersetzen jedoch nicht die z. T. aufwändige Prüfungsvorbereitung mit Unterrichtsmitschrift, Lehrbuch, Fachlexikon usw.

Im Umgang mit Internetinformationen sollte man unbedingt darauf achten, die entsprechenden Quellen zu überprüfen und zu bewerten, ob die Informationen wissenschaftlich fundiert und für die Prüfungsvorbereitung brauchbar und nützlich sind.

Um entsprechende Informationen aus dem Internet zu erhalten, ist es möglich, unter konkreten Adressen zu suchen oder verschiedene Suchdienstprogramme oder Kataloge zu benutzen und nach einem bestimmten Suchbegriff durchsuchen zu lassen.

Name	Internet-Adresse	Sprache
Biofinder	http:// www.biofinder.org	Deutsch
Biologie	http:// www.biologie.de	Deutsch
Geo	http://www.geo.de	Deutsch
National Geographic	http:// www.nationalgeographic.de	Deutsch
Scientific American	http:// www.sciam.com	Englisch
Spektrum der Wissenschaft	http:// www.spektrum.de	Deutsch

Tab. 1: Übersicht über einige Internetadressen

Aufgabenanalyse

1 Was wird bewertet?

Die Bewertung in der Abiturprüfung erfolgt unter Bezug auf die erwartete Gesamtleistung. Dabei werden sowohl Fachwissen als auch fachliche Qualifikationen und Anforderungen aus drei verschiedenen Anforderungsbereichen in möglichst großer Breite überprüft. Aus der Formulierung der Aufgabe und Teilaufgaben bzw. aus dem Arbeitsauftrag der Aufgabenstellung werden in der Regel Art und Umfang der geforderten Leistung erkennbar. Die Beantwortung der Aufgabe sollte themenbezogen, sachlich und fachlich richtig und vollständig erfolgen. In die Bewertung wird der Umfang der Kenntnisse und Einsichten ebenso einbezogen wie die logische und überzeugende Argumentation und die Berücksichtigung der Vielfalt der Aspekte bei den einzelnen Aufgaben. Die Beantwortung der Aufgaben wird auch beurteilt nach der

- Klarheit der Gedankenführung und schlüssigen Folge von Lösungsschritten,
- übersichtlichen und ganzheitlich-strukturierten Gliederung,
- korrekten, angemessenen Verwendung der Fachsprache und dem Umgang mit fachspezifischen Methoden, gegebenenfalls mit Experimentiervorrichtungen und dem Mikroskop,
- deutlich gewordenen Fähigkeit zur Differenzierung zwischen Wichtigem und weniger Wichtigem,
- korrekten Anwendung von geistig-praktischen Tätigkeiten (Durchführen von Experimenten, Bestimmen von Pflanzen und Tieren, Zeichnen),
- Beherrschung der Fähigkeiten zur Anwendung wissenschaftlicher Denk- und Arbeitsweisen (z. B. Erkennen und Lösen interdisziplinärer Probleme, Entwickeln und Begründen eigener Ideen),
- sprachlichen Richtigkeit und verständlichen Ausdrucksweise sowie der äußeren Form (Schriftbild, Grammatik, Rechtschreibung, Zeichensetzung).

Bei der Beantwortung komplexer Aufgabenstellungen, die mehr oder weniger offen formuliert sind, können unterschiedliche Lösungswege beschritten werden, wenn sie inhaltlich und formal der Aufgabenstellung entsprechen und schlüssig zum richtigen Ergebnis führen.

2 Aufgabenstellung

2.1 Struktur und Inhalt erfassen

Jede Aufgabe steht unter einem bestimmten **(Gesamt-)Thema**, das im Allgemeinen auf die Themenbereiche Bezug nimmt, aus denen die nachfolgenden Aufgaben schwerpunktmäßig entnommen wurden. Damit werden erste Hinweise zur Beantwortung gegeben, da eine grobe Einschränkung der Aufgabenstellung erfolgt.

Die Aufgaben im Fach Biologie enthalten in der Regel eine gegliederte Aufgabenstellung in Form **materialgebundener Aufgaben** oder werden als **Themaaufgabe** formuliert.

Materialgebundene Aufgaben enthalten neben der gegliederten Aufgabenstellung Materialien, die nach den Aufgaben und Teilaufgaben gegliedert angeordnet sind. Diese **Materialien** beziehen sich auf die entsprechenden Aufgaben bzw. Teilaufgaben und enthalten Abbildungen, Texte (z. B. wissenschaftliche Abhandlungen, Beschreibung nicht vorgeführter Experimente), Tabellen, Messreihen, Graphen, Statistiken, Zeichnungen u. a. m. In vielen Fällen, z. B. bei Mischformen der Aufgabenarten, kann das Material in den Text der Aufgabe eingearbeitet sein.

Die Gesamtaufgabe besteht in der Regel aus 3 bis 4 einzelnen Aufgaben (1, 2, 3), die ihrerseits in mehrere Teilaufgaben (1.1, 1.2) untergliedert sein können und in einem sachlogischen Zusammenhang stehen. Häufig werden die Aufgaben mit allgemeinen fachlichen Aussagen, Informationen oder einem Sachtext eingeleitet. Damit erfolgt eine weitere deutliche inhaltliche Präzisierung des Gesamtthemas.

Die Teilaufgaben enthalten dann die eigentlichen **Arbeitsaufträge**, wie: Beschreiben Sie..., werten Sie..., interpretieren Sie..., erläutern Sie....

Materialgebundene Aufgaben sind z. B. die Beschreibung und Auswertung eines Demonstrationsexperimentes, die Durchführung und Bearbeitung eines Schülerexperimentes oder die Bearbeitung einer thematischen Aufgabenstellung, die in Teilaufgaben gegliedert ist.

Eine mögliche **Themaaufgabe** ist komplexer in Form eines Arbeitsauftrages formuliert und enthält ergänzende Hinweise zu inhaltlichen Schwerpunkten, zur Gliederung und zum Umfang des zu bearbeitenden Themas.

Aufgabenanalyse | 7

Beispiel

Leben und Energie — Gesamtthema gibt erste Hinweise zur Beantwortung

1 In der Natur bilden Stoffkreislauf und Energiefluss eine Einheit.
Beschreiben Sie den Energiefluss in einem Stoffkreislauf (z. B. Kohlenstoffkreislauf) und erläutern Sie die Bedeutung der Energie für die drei Lebensprozesse.

2 Bei der Energiegewinnung in den Zellen nimmt die Brenztraubensäure eine zentrale Stellung ein.
Belegen Sie diese Aussage mit einem biochemischen Abbauprozess der Glucose, der mit Sauerstoff, und einem weiteren Abbauprozess, der ohne Sauerstoff abläuft.

Unterteilung der Abituraufgabe in gegliederte Aufgabenstellung (ggf. mit allgemeinen fachlichen Aussagen und Hinweisen). Inhaltliche Präzisierung des Gesamtthemas

3 Die Nahrungsaufnahme bildet die Grundlage zur Energiebereitstellung.

3.1 Erläutern Sie das Wirken von Evolutionsfaktoren, durch die es zur Entwicklung der abgebildeten Meisenarten (Material 1) kommen konnte.

3.2 Werten Sie die Untersuchungsergebnisse (Material 1) nach Körperbau, Aufenthalt bei Nahrungssuche und Nahrung in Abhängigkeit von jahreszeitlichen Aspekten tabellarisch aus. Ziehen Sie Schlussfolgerungen aus ökologischer Sicht.

3.3 Beschreiben Sie, wie Meisen wasserlösliche Grundbausteine aus eiweiß- und fetthaltigem Futter gewinnen.

Konkrete Arbeitsaufträge der einzelnen Teilaufgaben

2.2 Signalworte – Schlüssel für den konkreten Arbeitsauftrag

Analysieren Sie die Aufgabe unter den Gesichtspunkten:
- Habe ich den Arbeitsauftrag richtig verstanden?
- Was will man wissen?
- Was wird erwartet?
- Worin besteht das Problem?

Es ist besonders wichtig, sich mit den in den Aufgaben bzw. Teilaufgaben verwendeten **Signalworten** (auch **Operatoren** genannt) vertraut zu machen. Während beim „Nennen" z. B. biologische Sachverhalte, Arten, Erscheinungen und Merkmale aufgezählt werden dürfen, umfasst „Begründen" oder „Werten" das planmäßige Verarbeiten komplexer Gegebenheiten und erfordert selbstständige Deutungen, Folgerungen, Begründungen und Wertungen in Form ganzheitlich-strukturierter, zusammenhängender Texte.
Signalworte lassen Rückschlüsse auf Art und Umfang der Beantwortung der Aufgaben sowie auf das Anforderungsniveau, entsprechend der von Kultusministerien vorgegebenen drei Anforderungsbereiche, zu. Jede Aufgabe bzw. Teilaufgabe kann damit im Rahmen des jeweiligen Arbeitsauftrages einem der drei Anforderungsbereiche zugeordnet werden. In den folgenden Tabellen sind

die Anforderungsbereiche und eine Auswahl entsprechender „Signalworte" mit ihrer Bedeutung und je einem Aufgabenbeispiel angegeben.

Anforderungsbereich I: „Reproduktion"

Der Anforderungsbereich I umfasst u. a.:
- Beobachten, Beschreiben und Auswerten bekannter Experimente
- Darstellen bekannter biologischer Sachverhalte
- Zeichnen und Beschriften bekannter biologischer Strukturen

Signalwort	Bedeutung	Beispiel
nennen/ aufführen	Fakten, Begriffe, Namen ohne Erläuterung wiedergeben	Nennen Sie die Bestandteile pflanzlicher Zellen.
wiedergeben/ formulieren	Bekannte Inhalte wiederholen bzw. zusammenfassen	Formulieren Sie das 3. Mendel'sche Gesetz.
bezeichnen/ benennen	Eigenschaften, Bestandteile biologischer Objekte bzw. Vorgänge genau angeben und eventuell durch Zeichen kenntlich machen	Benennen Sie die mit Kennziffern bezeichneten Strukturen des menschlichen Gehirns.
beschreiben	Merkmale, Eigenschaften, Vorgänge oder Zusammenhänge durch umfassende Angaben zusammenhängend und geordnet darstellen	Beschreiben Sie den Verlauf der Lichtreaktion der Fotosynthese.
darstellen	Sachverhalte beschreiben und durch Diagramme, Tabellen oder Schemata veranschaulichen	Stellen Sie die wichtigsten biochemischen Vorgänge der Atmung in einer Übersicht dar.

Tab. 2: Übersicht über wichtige Signalworte (Operatoren) des Anforderungsbereiches I „Reproduktion"

Beispiel Beschreiben Sie den Verlauf der Lichtreaktion der Fotosynthese!

Bearbeitungshinweise: Die Aufgabe verlangt, Wissen über einen wichtigen Teilprozess der Fotosynthese durch umfassende Angaben sprachlich zusammenhängend und geordnet darzustellen. Inhaltlich ist dabei von der Thylakoidmembran der Chloroplasten als dem Ort der Lichtreaktion der Fotosynthese auszugehen und es sind die Vorgänge und Zusammenhänge der Umwandlung von Lichtenergie in chemische Energie im Verlauf der Lichtreaktion I und II detailliert zu beschreiben. Dabei müssen auch die Vorgänge der Fotolyse des Wassers und die Bedeutung von Elektronentransportkette und Fotophosphorylierung bei der Bildung von ATP und NADPH beschrieben werden.

Anforderungsbereich II: „Reorganisation und Transfer"

Dieser Anforderungsbereich verlangt einen höheren Grad an Selbstständigkeit bei der Lösung einer Aufgabe. Dazu kann u. a. gehören:
- Wiedererkennen eines bekannten Sachverhaltes im neuen Zusammenhang
- Selbstständiges Übertragen von Wissen auf vergleichbare neue Situationen
- Umsetzen von Tabellen, Graphen und Abbildungen in die Fachsprache

Signalwort	Bedeutung	Beispiel
erklären	Zusammenhängende, geordnete Darstellung, die angibt, warum eine bestimmte Erscheinung beobachtet wird. Dazu sind Gesetzesaussagen und Kenntnis der Bedingungen für das Wirken des Gesetzes notwendig.	Erklären Sie das Zustandekommen des Ruhepotenzials.
erläutern	Sachverhalte (Vorgänge, Begriffe, Arbeitsweisen) unter Angabe zusätzlicher Informationen (Beispiele, Fakten) anschaulich und verständlich darstellen.	Erläutern Sie die Bedeutung stickstoffbindender Bakterien für die Landwirtschaft.
vergleichen	Gemeinsamkeiten und/oder Unterschiede feststellen und eventuell Schlussfolgerungen ableiten.	Vergleichen Sie obligatorisches und fakultatives Lernen.
interpretieren	Mögliche Ursachen und Bedingungen für bestimmte Erscheinungen oder Entwicklungen darstellen und Zusammenhänge des Sachverhalts verdeutlichen.	Interpretieren Sie die Entstehung des langen Halses der Giraffe nach Lamarck und nach Darwin.
definieren	Eindeutige Bestimmung eines Begriffs durch Nennung des Oberbegriffs und Angabe der wesentlichen Merkmale.	Definieren Sie die Begriffe Mutation und Modifikation.
ordnen/ zuordnen/ einordnen	Fakten, Begriffe, Systeme werden zueinander in Beziehung gesetzt, Zusammenhänge hergestellt und nach bestimmten Gesichtspunkten bewertet.	Ordnen Sie diese Organismen den Trophiestufen des Ökosystems See zu: Barsch, Fischreiher, Wasserfloh, Wasserpest.
kennzeichnen/charakterisieren	Typisches, Wesentliches eines Sachverhalts nach bestimmten Gesichtspunkten benennen und beschreiben.	Kennzeichnen Sie die Bedeutung der geschlechtlichen Fortpflanzung für die Arterhaltung.
beobachten	Ermittlung von Eigenschaften, Merkmalen, räumlichen Beziehungen ohne grundlegende Eingriffe in biologische Erscheinungen und Objekte.	Stellen Sie ein Frischpräparat von Grünalgen her! Beobachten Sie das Präparat unter dem Mikroskop.

Tab. 3: Übersicht über wichtige Signalworte (Operatoren) des Anforderungsbereiches II „Reorganisation und Transfer"

Aufgabenanalyse

Beispiel Ordnen Sie folgende Organismen den Trophiestufen des Ökosystems See zu: Barsch, Fischreiher, Wasserfloh, Wasserpest.

Bearbeitungshinweise: Sie müssen von den Nahrungsbeziehungen im See ausgehend eine Übersicht mit den einzelnen Trophiestufen bzw. Nahrungsketten aufstellen und die Nahrungsbeziehungen der einzelnen Trophiestufen zueinander in Beziehung setzen. Die aufgeführten Arten im Ökosystem See werden dann nach dem Gesichtspunkt der Ernährungsweise, der Nahrungsbeziehungen und ihrer möglichen Stellung in einer Nahrungskette bewertet. Alle Arten mit gleicher Stellung in den Nahrungsketten können einer Trophiestufe im Ökosystem See zugeordnet werden. Die Zusammenhänge hinsichtlich der Nahrungsbeziehungen der einzelnen Arten der verschiedenen Trophiestufen können durch ein Pfeildiagramm in Form eines Nahrungsnetzes dargestellt werden.

Anforderungsbereich III: „Problemlösendes Denken"

Dieser Anforderungsbereich ist besonders anspruchsvoll und erfordert u. a.:
- selbstständiges Entwickeln von Arbeitshypothesen aus Ergebnissen mehrerer Experimente bzw. aufgrund eines Gedankenexperiments
- Erörtern kontroverser Aussagen
- Entwickeln alternativer Lösungsvorschläge
- methodenkritisches Erörtern von verwendeten Arbeitsverfahren

Signalwort	Bedeutung	Beispiel
begründen	Sachverhalte/Aussagen durch Aufführen von Argumenten und Ursachen erklären oder rechtfertigen.	Begründen Sie, weshalb sich Schadstoffe von einer Trophiestufe zur nächsten anreichern.
werten/ bewerten/ beurteilen	Die Bedeutsamkeit von Dingen, Prozessen, Aussagen, Handlungen für den Menschen aus konkret historischer Sicht bzw. entsprechenden Bewertungskriterien nachweisen.	Bewerten Sie das statistisch gehäufte Auftreten von Leukämieerkrankungen in der Nähe von Kernkraftwerken.
beweisen	Argumente anführen, die aufzeigen, dass eine Aussage richtig ist.	Beweisen Sie die Abhängigkeit der Fotosynthese von Außenfaktoren.
erörtern/ diskutieren	Eigene Gedanken zu einer Problemstellung entwickeln und zu einem begründeten Urteil kommen.	Diskutieren Sie Möglichkeiten der Bekämpfung des HIV.
experimentieren	Planmäßiger Eingriff in Erscheinungen und Verändern der Bedingungen, unter denen Objekte existieren.	Weisen Sie experimentell die Abhängigkeit der Sauerstoffabgabe von der Lichtintensität nach.

Tab. 4: Übersicht über wichtige Signalworte (Operatoren) des Anforderungsbereiches III „Problemlösendes Denken"

Beispiel Beweisen Sie an einem selbstgewählten Beispiel die Abhängigkeit der Fotosynthese von Außenfaktoren.

Bearbeitungshinweise: Ausgehend von der Bruttogleichung der Fotosynthese oder von Ergebnissen bekannter Experimente zum Ablauf der Fotosynthese bzw. eines möglichen Gedankenexperimentes werden als Arbeitshypothese mögliche beeinflussende Faktoren genannt und erörtert. An einem konkreten selbstgewählten Beispiel wird dann die Beeinflussung durch mögliche Faktoren dargestellt und begründete Argumente bzw. Zusammenhänge aufgeführt, die eindeutig die Abhängigkeit der Fotosynthese von diesen Faktoren beweisen. Mögliche Skizzen, Graphen oder Diagramme können die Argumentation wirkungsvoll unterstützen.

Auf den Punkt gebracht

Der Anforderungsbereich „Reproduktion" umfasst:
- Wiedergeben von biologischen Sachverhalten
- Beobachten, Beschreiben und Auswerten bekannter Experimente
- Darstellen bekannter biologischer Sachverhalte
- Zeichnen und Beschriften bekannter biologischer Strukturen

Die Aufgabenstellungen lauten häufig: nennen Sie ..., beschreiben Sie ..., bezeichnen Sie ..., formulieren Sie ..., beschriften Sie ...

Der Anforderungsbereich „Reorganisation und Transfer" verlangt einen höheren Grad an Selbstständigkeit beim:
- Auswählen, Anordnen, Verarbeiten und Darstellen bekannter Sachverhalte in neuen Zusammenhängen unter vorgegebenen Gesichtspunkten (Reorganisation)
- Übertragen des Gelernten auf vergleichbare neue Situationen (Transfer)

Aufgabenstellungen werden häufig eingeleitet mit: erklären Sie ..., vergleichen Sie ..., erläutern Sie ..., kennzeichnen Sie ..., untersuchen Sie ..., beobachten Sie ...

Der Anforderungsbereich „Problemlösendes Denken" ist besonders anspruchsvoll und umfasst:
- planmäßiges Verarbeiten komplexer Gegebenheiten mit dem Ziel, zu selbstständigen Lösungen bzw. Deutungen, Begründungen, Wertungen zu gelangen
- selbstständiges Auswählen geeigneter Denkmethoden bzw. Lösungsverfahren

Aufgabenstellungen werden häufig eingeleitet mit: nehmen Sie Stellung ..., beurteilen Sie ..., diskutieren Sie ..., planen Sie ein Experiment ..., erstellen Sie eine Grafik ...

3 Aufgabenbeantwortung – Gliederung und Darstellung

Verschaffen Sie sich zunächst einen Überblick über die zu bearbeitende Abituraufgabe und lesen Sie die entsprechenden Teilaufgaben und Materialien gründlich durch. Bei der Bearbeitung der Teilaufgaben sollten folgende Arbeitsschritte berücksichtigt werden:

1. Schritt: Analysieren der Teilaufgabe
- Unterstreichen Sie die Signalwörter/Arbeitsanweisungen.
- Markieren Sie wichtige Begriffe/Textpassagen, die für die Bearbeitung wichtig sein könnten.
- Versuchen Sie, die inhaltlichen Schwerpunkte zu finden, festzulegen und eventuell abzugrenzen.
- Lösen Sie komplexe Aufgabenstellungen in mehrere Teilaufgaben auf.
- Beachten Sie die zur (Teil-)Aufgabenstellung gehörenden Materialien.

2. Schritt: Anfertigen einer Stoffsammlung
- Notieren Sie wichtige Schlüsselworte/Stichworte auf einem Konzeptblatt.
- Vermeiden Sie eine ausführliche schriftliche Darstellung, meist genügt ein Stichwort, um einen Gedankengang wiederzuerkennen.

3. Schritt: Gliedern der Stoffsammlung
- Ordnen Sie die Stichworte übersichtlich vom Allgemeinen zum Detail.
- Behalten Sie auch bei der Beschäftigung mit dem Detail den Gesamtüberblick.
- Machen Sie Zusammenhänge und Beziehungen durch entsprechende Zeichen deutlich.
- Beachten Sie die Angaben und Beispiele der Materialien und visualisieren Sie eventuell durch Skizzen, Diagramme, Tabellen etc.

4. Schritt: Vergleichen von Stoffsammlung und Aufgabenstellung
- Prüfen Sie auf Vollständigkeit. Wurden alle wesentlichen Inhalte berücksichtigt?
- Sind alle Aspekte und Bedingungen der Aufgabenstellung erfasst und beachtet?
- Überprüfen Sie, ob die Beispiele, Skizzen, Diagramme u. Ä. der Aufgabenstellung zweckmäßig und sinnvoll ausgewählt wurden.

5. Schritt: Darstellen der Antwort

- Beachten Sie, welche Hinweise die Arbeitsanweisung zum Aufbau, zur Form und zur Ausführlichkeit der Darstellung gibt. Beim Nennen reicht z. B. eine einfache Aufzählung nach dem Spiegelstrich oder die Zuordnung von entsprechenden Begriffen und Ziffern. Eine tabellarische Darstellung sollte übersichtlich mit klaren Bezügen und Zuordnungen gestaltet werden. Häufigste Form der Darstellung ist ein durchgängiger, klar strukturierter Text.
- Achten Sie auf sprachliche Korrektheit und klare, verständliche Ausdrucksweise. Einfache, kurze Sätze sind besser geeignet als Schachtelsätze ohne klare Bezüge und in unverständlichem Ausdruck.
- Beachten Sie die korrekte, angemessene Verwendung der Fachsprache. Fachbegriffe sind nur dann zu erklären bzw. zu umschreiben, wenn dies laut Handlungsanweisung gefordert wird.
- Achten Sie auf eine themenbezogene Darstellung (roter Faden) und vermeiden Sie weitschweifige Darlegungen, die nicht zum Thema gehören.
- Achten Sie auf eine angemessene äußere Form Ihrer Darstellung.

Das nachfolgende Beispiel zeigt, wie die einzelnen Arbeitsschritte bei der Beurteilung einer Aufgabe realisiert werden.

Beispiel

Stoffwechsel und Reizbarkeit als Grundeigenschaften des Lebens
1 Für alle Lebensvorgänge benötigt die Zelle Energie.
1.1 Geben Sie die Bruttogleichung für den Prozess der Zellatmung an!
1.2 Nennen Sie das Zellorganell, in dem die Zellatmung abläuft.
Fertigen Sie eine Skizze dieses Zellorganells an und benennen Sie die wesentlichen Strukturen.
Erläutern Sie an diesem Beispiel die Einheit von Struktur und Funktion!
1.3 Erläutern Sie die Zusammenhänge zwischen Zellatmung und Körpertemperatur bei homoiothermen Tieren!
2 Im Wasserhaushalt der Organismen zeigen sich in der Regel nur geringe Schwankungen.
2.1 Erläutern Sie, auf welche Weise der menschliche Körper Wasser verliert und wie dieser Wasserverlust ausgeglichen wird.
2.2 Welche Mechanismen besitzen Meeresfische, die Meerwasser trinken, um ihren Wasser- und Salzhaushalt aufrechtzuerhalten?

Bearbeitungsmöglichkeit

Bearbeitungshinweise: Das Thema bzw. die Überschrift nennt als thematische Schwerpunkte **Stoffwechsel** und **Reizbarkeit**. Inhaltlicher Schwerpunkt der Aufgabenstellung 1: **Zellatmung**; inhaltlicher Schwerpunkt der Aufgabenstellung 2: **Wasserhaushalt**.

1.1	**Wiedergeben** der Bruttogleichung	1. Schritt: Analyse der Teilaufgaben. Arbeitsanweisungen bzw. wichtige Begriffe markieren und inhaltliche Schwerpunkte finden und festlegen
1.2	**Nennen** und **Skizzieren** des Zellorganells, **Benennen** der Bestandteile. **Erläutern** der Zusammenhänge von Struktur und Funktion	
1.3	**Erkennen** und **Darstellen** der möglichen Zusammenhänge zwischen Zellatmung und Körpertemperatur **homoiothermer** Tiere; eventuell unter Angabe zusätzlicher Informationen (Beispiele, Fakten)	
2.1	**Erläutern** des Wasserverlustes und der Wasseraufnahme beim Menschen	
2.2	**Beschreiben** und **Darstellen** des Wasser- und Salzhaushaltes bei Meeresfischen	
1.1	Ausgangsstoffe, Reaktionsprodukte, Bruttogleichung der Atmung, Energiebilanz	2. Schritt: Anlegen einer Stoffsammlung und Notieren wichtiger Stichworte/Schlüsselworte
1.2	Skizze Mitochondrium mit Beschriftung, Zusammenhang Struktur – Funktion am Beispiel der Struktur und des Aufbaus der inneren Mitochondrienmembran, Kompartimentierung, Oberflächenvergrößerung	
1.3	Homoiotherme Tiere (gleichwarme Tiere mit konstanter Temperatur), Zellatmung (Freisetzung von Energie), Zusammenhang: Nutzung der freigesetzten Energie zur Aufrechterhaltung der Körpertemperatur	
2.1	Wasserverlust durch Harn und Schweiß, Wasseraufnahme durch Nahrung und Trinken	
2.2	Meeresfische → im Salzwasser; Meerwasser → hohe Konzentration der darin gelösten Ionen; Aufnahme von Wasser und Ionen beim Trinken	
1.1	• Ausgangsstoffe: Glucose, Sauerstoff, Wasser • Reaktionsprodukte: Kohlenstoffdioxid, Wasser • Formulierung der Energiefreisetzung ΔG • Bruttogleichung: $C_6H_{12}O_6 + 6\,O_2 + 6\,H_2O \longrightarrow 6\,CO_2 + 12\,H_2O$ Energiebilanz: $\Delta G = -2\,875$ KJ/mol	3. Schritt: Gliederung der Stoffsammlung. Ordnen der Stichpunkte, Zusammenhänge und Beziehungen unter Beachtung der Materialien und unter Einbeziehung eigener Beispiele, Skizzen oder Diagramme verdeutlichen
1.2	• Skizze Mitochondrium • Zusammenhang Struktur – Funktion: z. B. innere Membran bildet Einstülpungen (Cristae) – größere Oberfläche – höhere Leistungsfähigkeit, Enzyme der Zellatmung an der inneren Membran – Bildung des ATP	
1.3	• homoiotherme Tiere (gleichwarme Tiere) → konstante Körpertemperatur • Zellatmung → Freisetzung von Energie → Umwandlung eines Teils der Energie in Wärmeenergie → Nutzung der Wärmeenergie zur Aufrechterhaltung der Körpertemperatur • Beispiel: Außentemperatur gering – hohe Wärmeabgabe – Körpertemperatur sinkt – Intensivierung der Zellatmung	

   – mehr Energie wird frei – mehr Wärmeenergie – Körpertemperatur steigt
2.1 • Wasserverlust: Harn, Schweiß
  • Wasseraufnahme: Nahrung, Trinken
2.2 Meeresfische nehmen mit dem Meerwasser ständig die darin gelösten Ionen im Überschuss auf – Ausscheidung der zu viel aufgenommenen Ionen durch aktive Transportmechanismen über die Kiemen
1.1 Ausgangsstoffe, Reaktionsprodukte, Bruttogleichung vollständig, Energiebilanz $\Delta G = -$
1.2 Skizze entsprechend der Aufgabenstellung zweckmäßig und vollständig, Zusammenhang Struktur – Funktion am konkreten Beispiel erfasst
  Eventuell Vorgänge der oxidativen Phosphorylierung der Endoxidation beschreiben
1.3 Zusammenhänge unter Beachtung der wesentlichen Inhalte dargestellt und am konkreten Beispiel der Wirkung einer geringeren Außentemperatur erläutert
2.1 Zwei Möglichkeiten des Wasserverlustes wurden noch nicht genannt und werden ergänzt: Kot, ausgeatmete Luft.
  Auch das Oxidationswasser aus dem Stoffwechsel ist bei der Wasseraufnahme zu berücksichtigen.
2.2 Wasserhaushalt bei Meeresfischen unter Beachtung wesentlicher Inhalte richtig beschrieben und dargestellt. Eventuell ist eine Visualisierung durch eine Skizze möglich.
1.1 Bruttogleichung:
  $C_6H_{12}O_6 + 6\,O_2 + 6\,H_2O \longrightarrow 6\,CO_2 + 12\,H_2O$
  Energiebilanz: $\Delta G = -2\,875\ \text{KJ/mol}$
1.2 Skizze Mitochondrium mit Beschriftung:

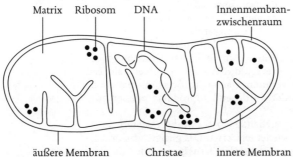

Mitochondrien sind die Orte der Zellatmung. Durch den Abbau (Oxidation) energiereicher, organischer Nährstoffe (Glucose) mithilfe von Sauerstoff wird Energie gewonnen, die zu ATP umgesetzt wird.

Mitochondrien sind von zwei Membranen umschlossen; die äußere ist glatt. Die innere zeigt zahlreiche Einstülpungen, sog. Cristae, zur Oberflächenvergrößerung. Dadurch entstehen zwei Kompartimente, der Innenmembranzwischenraum (Zwischenraum zwischen Innen- und Außenmembran) und die sog. Matrix, der von der Innenmembran

---

4. Schritt: Vergleichen von Stoffsammlung und Aufgabenstellung

5. Schritt: Darstellen der Antwort. Themenbezogene, sprachlich korrekte und klar verständliche Darstellung unter Beachtung der richtigen und angemessenen Verwendung der Fachsprache

umschlossene Raum. Die Matrix enthält neben den Ribosomen und mitochondraler DNA zahlreiche Enzyme des Stoffwechsels. In die Innenmembran sind zahlreiche Enzyme der Zellatmung (Atmungskette) eingelagert, die Elektronen von NADH aufnehmen und sie kaskadenartig auf ein niedriges Energieniveau transportieren. Am Ende der Atmungskette werden die Elektronen auf Sauerstoff übertragen, der dadurch reduziert wird und sich mit Protonen zu Wasser verbindet. Die frei werdende Energie wird zur ATP-Synthese durch oxidative Phosphorylierung verwendet.

1.3 Homoiotherme Tiere sind in der Lage, ihre Körpertemperatur durch unterschiedliche Wärmeproduktion und durch verschiedene Verhaltensweisen, wie Hecheln, Schwitzen, Sträuben oder Anlegen des Fells oder durch Ortsveränderung konstant zu halten. Die Erzeugung und Bereitstellung der dafür notwendigen Energie erfolgt durch die Zellatmung. Der größte Teil der beim Abbau der energiereichen organischen Nahrung freigesetzten Energie wird dabei in Wärmeenergie umgewandelt und dient der Aufrechterhaltung der Körpertemperatur. Zusätzlich verfügen gleichwarme Tiere über vielfältige Mechanismen der Temperaturregulation. Sinkt die Außentemperatur im Herbst oder Winter, erhöht sich die Wärmeabgabe eines Tieres und die Körpertemperatur sinkt. Um die Körpertemperatur konstant zu halten, erfolgt über bestimmte Regulationsmechanismen eine Intensivierung der Zellatmung. Dadurch werden mehr organische, energiereiche Nährstoffe abgebaut, mehr Energie wird freigesetzt und in Wärmeenergie umgewandelt. Die Körpertemperatur steigt. Da mehr Nährstoffe abgebaut werden, erhöht sich der Nahrungsbedarf.

2.1 Der Wasserverlust des menschlichen Körpers erfolgt durch Harn, Schweiß, Kot und die ausgeatmete Luft.
Bei der Verdauung werden makromolekulare Nährstoffe hydrolytisch aufgespalten. Am Ende der Verdauungsvorgänge wird der größte Teil des Wassers resorbiert, ein Teil geht mit dem Kot verloren. Die im Stoffwechsel entstehenden schädlichen oder wertlosen Endprodukte müssen ausgeschieden werden.
Das beim Abbau entstehende Wasser wird für weitere Stoffwechselvorgänge wiederverwertet. Das giftige, wasserlösliche Ammoniak bzw. Harnstoff/Harnsäure werden in Wasser gelöst über die Haut (Schweiß) und über besondere Ausscheidungsorgane (Harn) aus dem Körper entfernt.
Die Wasseraufnahme erfolgt hauptsächlich durch Trinken von Flüssigkeiten oder durch die Nahrung. Zusätzlich nutzt der menschliche Körper das beim Stoffabbau entstehende Oxidationswasser.

2.2 Meeresfische leben in einem Medium, das eine höhere Salzkonzentration aufweist als ihre Körperflüssigkeit. Entsprechend dieses Konzentrationsunterschiedes verliert der Körper ständig Wasser durch Osmose. Der Meerwasserfisch trinkt deshalb viel Wasser und nimmt damit ständig gelöste anorganische Ionen im Überschuss auf. Die Nieren sind nicht in der Lage, alle überschüssigen Ionen auszuscheiden, denn der Urin hat immer eine geringere Salzkonzentration als die Körperflüssigkeiten. Die überschüssigen Ionen werden durch aktive Transportvorgänge, hauptsächlich über die Kiemen wieder ausgeschieden.

Die folgenden Aufgaben enthalten konkrete Arbeitsaufträge zu den einzelnen Arbeitsschritten der Aufgabenbeantwortung.

Aufgabe 1 Kennzeichnen Sie die Arbeitsaufträge und bestimmen Sie die inhaltlichen Schwerpunkte der nachfolgenden Aufgaben!
1. In Dorfweihern und kleinen Teichen ländlicher Gebiete wurde in der Vergangenheit durch die Einleitung von Abwasser und Gülle die Wasserqualität z. T. erheblich verschlechtert. Beschreiben Sie unter Verwendung beschrifteter Schemata Stoffkreislauf und Energiefluss in diesen Gewässern. Erläutern Sie, wie durch die Einleitung von organischen Substanzen diese Gewässer belastet werden, und nennen Sie zwei Möglichkeiten zur Verbesserung der Wasserqualität.
2. In bestimmten Gebieten Afrikas kann man bei fast 40 % der Bevölkerung Sichelzellanämie, eine Erbkrankheit, nachweisen. Beschreiben Sie die Symptome der Sichelzellanämie und erklären Sie das gehäufte Auftreten der Krankheit in bestimmten Gebieten. Erläutern Sie die molekularbiologischen Ursachen dieser Krankheit und beschreiben Sie eine Untersuchungsmethode, mit der homo- oder heterozygote Träger der Erbkrankheit festgestellt werden können.

Aufgabe 2 Fertigen Sie eine Stoffsammlung zu den nachfolgenden Aufgaben an!
1. Organismen besitzen die Fähigkeit, energetische und informationelle Umweltveränderungen aufzunehmen, zu verarbeiten und darauf zu reagieren. Die Intensität erregungsauslösender Reize ist in der mehr oder weniger dichten Abfolge von Aktionspotenzialen verschlüsselt.
Beschreiben Sie das Zustandekommen und die Aufrechterhaltung eines Ruhepotenzials an einer Zellmembran der Nervenzelle. Erläutern Sie den Ablauf eines Aktionspotenzials bei einer tierischen bzw. menschlichen Nervenzelle.
Beschreiben Sie die molekularbiologischen Vorgänge an der synaptischen Membran bei der Erregungsübertragung und erläutern Sie an zwei selbst gewählten Beispielen die Wirkung von Giftstoffen auf die Erregungsübertragung und die Muskelkontraktion.

2. Lebewesen sind offene Systeme, die ständig Energie und Stoffe mit der Umwelt austauschen. Die unbelebte Umwelt wirkt dabei durch physikalisch-chemische Einflüsse auf die Lebewesen ein.
Nennen Sie mögliche meteorologische und edaphische Umweltfaktoren einer Pflanze und interpretieren Sie ihre Wirkung.
Der tägliche Nahrungsbedarf der Tiere ist teilweise recht unterschiedlich. So benötigt ein Tiger mit 250 kg Körpermasse etwa 10 kg pro Tag, eine 4 g schwere Zwergspitzmaus ungefähr 8 g pro Tag Fleischnahrung. Vergleichen Sie den Nahrungsbedarf dieser Tiere unter energetischem Aspekt und leiten Sie entsprechende Schlussfolgerungen ab.

Aufgabe 3 Gliedern Sie die Stoffsammlung der nachfolgenden Aufgabe, vergleichen Sie die Stoffsammlung mit der Aufgabenstellung und stellen Sie die Antwort ausführlich dar!
In einem Experiment wird der Energiestoffwechsel in Hefezellen untersucht. Dazu werden Hefezellen in verdünnter Glucoselösung suspendiert und 24 Stunden bei Zimmertemperatur kultiviert. Im Gefäß I wird die Hälfte der Hefesuspension luftdicht so verschlossen, dass eventuell entstehende Gase entweichen können. Die andere Hälfte der Hefesuspension bleibt im Gefäß II offen stehen. Hefezellen sind in der Lage, unter beiden Bedingungen Glucose abzubauen.
Beschreiben Sie den Verlauf und die zu erwartenden Ergebnisse des Experimentes und geben Sie für jeden Vorgang die entsprechende Bruttogleichung an!
Vergleichen Sie die beiden Vorgänge hinsichtlich der Reaktionsbedingungen und der zu erwartenden Energiebilanz!

Geistige Arbeitstechniken und Lösungsstrategien

1 Kenntnisse darstellen und anwenden

1.1 Begriffe definieren und ordnen

Lernen und Denken sind beim Menschen eng verbunden mit dem Gebrauch von Begriffen. Sie entstehen, indem wir wesentliche Merkmale einer Klasse von Objekten abstrahieren und unwesentliche vernachlässigen. Alltagsbegriffe werden ohne spezielles Fachwissen verstanden, sind aber meist unscharf und oft emotional besetzt. Sie sind missverständlich und daher für wissenschaftliche Zwecke wenig geeignet. So hat die Verhaltensbiologie beispielsweise den anfangs verwendeten Alltagsbegriff „Trieb" durch den exakteren Terminus „Motivation" ersetzt.

Erfolg bei der geistigen Arbeit setzt die eindeutige Klärung von Fachbegriffen voraus – in der Wissenschaft ebenso wie beim Lösen von Abituraufgaben. Um einen Begriff möglichst knapp und eindeutig zu beschreiben und von anderen Begriffen abzugrenzen, benutzt man eine Definition.
Wenn Sie selbst festlegen, welche Bedeutung einem Symbol oder einem Begriff im Folgenden zukommen soll, führen Sie eine **Festsetzungsdefinition** durch. Dieser Fall tritt z. B. dann ein, wenn Sie die Legende zur schematischen Darstellung eines Erbganges schreiben (siehe S. 66 ff.).
Viel häufiger werden Sie allerdings **Feststellungsdefinitionen** verwenden, also solche, die angeben, in welcher Bedeutung ein Begriff in der Fachsprache einer Wissenschaft gebraucht wird. In ihrer Struktur entspricht eine solche Definition einer logischen Gleichung:

Begriff = Oberbegriff + invariante Merkmale

Als Oberbegriff sollte jeweils der nächsthöhere in einem Begriffssystem verwendet werden (z. B. „Wirbeltiere" als gemeinsamer Oberbegriff für die Klassen der Knorpel- und Knochenfische, Amphibien, Reptilien, Vögel und Säugetiere). Invariante Merkmale sind solche, die den zu definierenden Begriff besonders klar von verwandten Begriffen abgrenzen.

Bei aller Exaktheit müssen Sie Definitionen nicht unbedingt im Wortlaut auswendig lernen. Verwenden Sie eine eigene Formulierung, muss diese allerdings zumindest fünf **Anforderungen** genügen:
- Umfangsgleichheit: Fassen Sie die Definition nicht zu eng oder zu weit.
- Angemessenheit der invarianten Merkmale: Wählen Sie typische, artbildende Merkmale aus.
- Positive Formulierung: Vermeiden Sie zu schreiben, was der Begriff nicht bedeutet.
- Vermeidung von Synonymen: Erklären Sie nicht einen Begriff mit einem anderen.
- Vermeidung von Aufzählungen: Geben Sie nicht einfach eine Anzahl von Unterbegriffen an.

Beispiel Grenzen Sie Autotrophie und Heterotrophie durch Definition voneinander ab und ordnen Sie beide Vorgänge in ein Begriffssystem zum Stoff- und Energiewechsel ein.

Bearbeitungsmöglichkeit

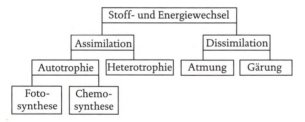

Aus dem Schema entnehmen Sie den gemeinsamen Oberbegriff Assimilation.

Autotrophie ist eine Form der Assimilation, bei der körperfremde, anorganische, energiearme Stoffe in körpereigene, organische, energiereiche Stoffe umgewandelt werden.
Heterotrophie ist eine Form der Assimilation, bei der körperfremde, organische, energiereiche Stoffe in körpereigene, organische, energiereiche Stoffe umgewandelt werden.

Das invariante Merkmal zeigt sich in der Art und dem Energiegehalt der Ausgangsstoffe, aus denen körpereigene Stoffe gebildet werden.

Geistige Arbeitstechniken und Lösungsstrategien | 21

Aufgabe 4 Alltagsbegriff und Fachbegriff „Umwelt" haben nicht die gleiche Bedeutung. Verdeutlichen Sie dies an folgendem Beispiel.
Umweltdefinition der Ökologie:
Umwelt ist derjenige Ausschnitt der Außenwelt, der für einen Organismus regelhaft eine lebenswichtige Bedeutung besitzt.

Aufgabe 5 Prüfen Sie, ob die folgenden Aussagen als Definitionen geeignet sind. Sollte dies nicht der Fall sein, definieren Sie den Begriff selbst.
1. Eine Symbiose ist eine Wechselbeziehung zwischen Organismen, bei der die Partner sich in ihrer Ernährung gegenseitig fördern.
2. Eukaryoten sind alle Lebewesen außer den Prokaryoten.
3. Hormone sind z. B. Insulin, Adrenalin und Testosteron.

Achtung, in komplexen Abituraufgaben werden Sie oftmals nicht explizit zum Definieren aufgefordert. Dennoch sollten Sie für zentrale Begriffe Ihrer Argumentation Definitionen angeben.
Außerdem sind Begriffssysteme und die dazugehörigen Definitionen eine gute Hilfe beim Strukturieren und Einprägen des Stoffs in der Abiturvorbereitung.
Ein Begriffssystem erhalten Sie durch **Klassifizieren**. Dabei teilen Sie biologische Objekte auf der Grundlage gemeinsamer und unterschiedlicher Merkmale in Gruppen ein und benennen diese Gruppen.

Aufgabe 6 Es ist üblich, Tierverbände nach dem folgenden System zu klassifizieren. Formulieren Sie zwei Fragen, auf denen die Einteilung basiert. Geben Sie Beispiele an.

	offen	geschlossen
anonym		
individualisiert		

Aufgabe 7 Langtagpflanzen, Mesophyten, Bedecktsamer, Produzenten – allen vier Gruppen kann der Hafer zugeordnet werden. Geben Sie die Kriterien an, die zu den jeweiligen Gruppen führen, und definieren Sie die Gruppen.

Aufgabe 8 Morphospezies oder Biospezies? Die Definition des Artbegriffs hat sich im Laufe der Zeit gewandelt. Bewerten Sie die beiden vorgeschlagenen Definitionen und grenzen Sie den Begriff Art von dem Begriff Rasse ab.

Morphologische Artdefinition:
Eine Art ist eine Gruppe von Individuen, die in wesentlichen Merkmalen übereinstimmen.

Biologische Artdefinition:
Eine Art ist eine Gruppe von Individuen, die tatsächlich oder potenziell untereinander fruchtbare Nachkommen hervorbringen, von anderen Gruppen aber fortpflanzungsbiologisch isoliert sind.

Auf den Punkt gebracht

- Suchen Sie den Oberbegriff.
- Suchen Sie die Merkmale, die den zu definierenden Begriff von verwandten Begriffen abgrenzen.
- Nutzen Sie Begriffssysteme und Definitionen als „Gerüst" beim Lernen.

1.2 Gesetze, Regeln und Prinzipien erläutern

Eine Aufgabe der Biologie ist es, konkrete Ergebnisse von Beobachtungen und Experimenten zu verallgemeinern, also gesetzmäßige Zusammenhänge aufzudecken.

Ein naturwissenschaftliches Gesetz ist ein allgemeiner und wesentlicher Zusammenhang in der Natur, der unter bestimmten Bedingungen stets wirkt. Es besteht meist aus Bedingungs- und Gesetzesaussagen und gilt nicht nur für ein einzelnes Phänomen oder Objekt, sondern jeweils für eine ganze Klasse. Gesetze dienen zur Erklärung beobachteter Erscheinungen. Werden neue Objekte einer Klasse betrachtet, kann man mithilfe des Gesetzes Voraussagen ableiten. Hier muss man allerdings zwischen zwei Gruppen von Gesetzen unterscheiden. **Dynamische Gesetze** ermöglichen eine eindeutige Voraussage für jeden Einzelfall, der die entsprechenden Gültigkeitsbedingungen erfüllt. Ein Beispiel hierfür ist die 1. Mendel'sche Regel. Nehmen wir an, die Fellfarbe wird bei einer Hunderasse monogen vererbt, wobei schwarz über weiß dominiert. Kreuzt man nun reinerbige Eltern beider Typen miteinander, kann für jeden Nachkommen eindeutig schwarzes Fell vorausgesagt werden.

Anders liegt der Fall dagegen bei **statistischen Gesetzen** wie etwa der 2. Mendel'schen Regel. In unserem Beispiel würde man für die Kreuzung mischerbig schwarzer Tiere ein Aufspalten der Nachkommenschaft in 75 % schwarz und 25 % weiß gefärbte Welpen voraussagen. Dieses Zahlenverhältnis von 3:1 wird in großen Stichproben auch annähernd erreicht. Die vier Nachkommen eines Wurfs können aber durchaus gleich aussehen. Das Gesetz trifft Aussagen über eine Gesamtheit von Objekten, das Einzelereignis wird durch den Zufall beeinflusst. Bringen Sie dies durch Ihre Wortwahl zum Ausdruck.

Aufgabe 9 Erläutern Sie ein weiteres Beispiel für dynamische und statistische Gesetze.

Aufgabe 10 Smaragdeidechsen in Südeuropa sind größer als die zur gleichen Gattung gehörenden Bergeidechsen in Mittel- und Nordeuropa. Prüfen Sie, ob dies der Bergmann'schen Regel widerspricht.

Aufgabe 11 Formulieren Sie die folgenden Gesetze und geben Sie jeweils ein Beispiel an.
1. Biogenetische Grundregel (Haeckel)
2. Alles-oder-nichts-Gesetz der Erregungsbildung
3. Dritte Lotka-Volterra-Regel

Ein Gesetz soll möglichst viele Einzelfälle in sich vereinen. Daher ist es oft sehr allgemein und damit wenig anschaulich formuliert. Um es verständlicher und begreifbarer zu machen, kann man es anhand von Beispielen erläutern. Durch solche Erläuterungen weisen Sie gleichzeitig nach, dass Sie den allgemeinen Zusammenhang nicht nur auswendig gelernt, sondern auch verstanden haben.

- Notieren Sie zunächst den allgemeinen Zusammenhang (Gesetz, Regel, Prinzip), der zu erläutern ist.
- Prüfen Sie, ob die Aufgabe Vorgaben zur Wahl der Beispiele enthält. (Wie viele; bestimmte systematische Gruppen; bestimmte Lebensräume...?)
- Notieren Sie Beispiele, die die Wirkungsbedingungen des Gesetzes erfüllen.
- Überprüfen Sie Ihr Detailwissen zu den Beispielen.
- Wählen Sie die Beispiele, zu denen Ihr Faktenwissen am umfangreichsten und fundiertesten ist.

Beispiel Erläutern Sie das Wirkungsgesetz der Umweltfaktoren an einem Beispiel.

Bearbeitungsmöglichkeit

Wirkungsgesetz der Umweltfaktoren (Gesetz vom Minimum): Diejenigen Umweltfaktoren, die am weitesten vom Optimum entfernt sind, bestimmen am stärksten die Zusammensetzung einer Biozönose.

Notieren Sie zunächst den Wortlaut des Gesetzes.

- Wüsten: Wassermangel
- Salzwiesen: Konzentration der Bodenlösung
- Geysire: hohe Temperaturen
- Tiefsee: hoher Druck
- Hochmoore: Mineralstoffmangel

Suchen Sie nun Beispiele für Ökosysteme, in denen ein Umweltfaktor extrem (also weit vom Optimum entfernt) ist.

Wählen Sie ein Beispiel aus, zu dem Ihnen Organismenarten mit ihren speziellen Anpassungen bekannt sind.

Hochmoore – Sonnentau: Hochmoore entstehen bei der Verlandung von Seen. Ihr Untergrund besteht aus mineralstoffarmem Torf (dicke Schichten aus abgestorbenem Torfmoos, das wegen Sauerstoffmangel nur unvollständig zersetzt wurde). Hochmoore zeichnen sich durch Artenarmut aus, die dort lebenden Pflanzen sind an das geringe Nährstoffangebot angepasst. Es fehlen ein- und zweijährige Pflanzen. Der akute Stickstoffmangel und andere Faktoren lassen während eines Jahres keine vollständige Entwicklung zu.

Typisch ist aber vor allem das Auftreten fleischfressender Pflanzen. Der Sonnentau beispielsweise ist kohlenstoffautotroph, betreibt also Fotosynthese. Seinen Stickstoffbedarf kann er nicht aus dem Substrat decken. Die spezielle Anpassung der Pflanze besteht in der Umbildung von Blättern zu Klebfallen. Insekten, die daran kleben bleiben, werden durch eiweißspaltende Enzyme verdaut. Die Aminosäuren werden über die Blätter resorbiert.

Erläutern Sie an diesem Beispiel den Zusammenhang Mangelfaktor – Anpassung.

Aufgabe 12 Mithilfe des Hardy-Weinberg-Gesetzes kann man Aussagen über die genetische Struktur von Populationen treffen.
1. Geben Sie die Wirkungsbedingungen des Gesetzes an.
2. Phenylketonurie (PKU) wird monogen rezessiv vererbt und tritt in Europa bei einem von 10 000 Neugeborenen auf. Berechnen Sie den Anteil der heterozygoten Personen in der Bevölkerung.
3. Diskutieren Sie Faktoren, die die Allelhäufigkeiten in einer realen Mäusepopulation beeinflussen.

Auf den Punkt gebracht
- Geben Sie zunächst den allgemeinen Zusammenhang an, den Sie anschließend erläutern.
- Wählen Sie geeignete Beispiele für Ihre Erläuterungen.
- Beachten Sie dabei Vorgaben im Aufgabentext.

1.3 Phänomene erklären und voraussagen

Die Biologie begnügt sich nicht mit einer Beschreibung von Phänomenen der belebten Natur. Sie fragt nach den Bedingungen, Ursachen oder Wirkungen eines beobachteten Sachverhalts, sie sucht also nach Erklärungen.

Beim Erklären wird zusammenhängend dargestellt, warum eine Erscheinung gerade so und nicht anders geartet ist. Die Erscheinung wird auf Naturgesetze und deren Wirkungsbedingungen zurückgeführt. Handelt es sich dabei um gesicherte Gesetzesaussagen, erhält man eine **kategorische Erklärung**. Sind die Ursachen noch unbekannt oder nicht hinreichend gesichert, trägt die Erklärung **hypothetischen Charakter**. Dies sollte in der Formulierung zum Ausdruck kommen.

Zur Erklärung eines Sachverhaltes können auch Modelle genutzt werden. Mehr darüber erfahren Sie auf den Seiten 53 ff. und 89 ff.

Unabhängig von dem konkreten Problem können Sie zur Lösung einer Erklärungsaufgabe diese Schritte gehen:
- Ordnen Sie das Phänomen zunächst inhaltlich ein. Um welchen Stoffwechselvorgang, welche Organismengruppe, welchen ökologischen Zusammenhang usw. handelt es sich?
- Erinnern Sie sich dann an grundlegende Schlüsselkonzepte, Regeln und Gesetze, die Sie in dem betreffenden Themenbereich kennengelernt haben.

- Prüfen Sie, ob sich die beobachtete Erscheinung aus einem der Gesetze, einer der Regeln usw. widerspruchsfrei ableiten lässt.
- Schreiben Sie das Gesetz in seiner allgemeinen Formulierung auf.
- Beziehen Sie es dann auf die Aufgabenstellung, indem Sie darstellen, dass die Wirkungsbedingungen des Gesetzes im konkreten Beispiel vorliegen.

Achtung, biologische Phänomene können, anders als physikalische oder chemische, grundsätzlich auf zwei verschiedenen Ebenen erklärt werden. Fragt man beispielsweise, warum Vögel zu einer bestimmten Jahres- und Tageszeit singen, so sind die folgenden beiden Antworten denkbar:
1. Der Gesang wird durch das Zusammenspiel von Tageslänge, „innerer Uhr" und Hormonspiegel ausgelöst.
2. Der Gesang der Vögel hat sich in der Evolution als effektive Strategie zur Partnerfindung und Reviermarkierung erwiesen.

Die erste Antwort bezieht sich auf die nächstliegenden, unmittelbar wirksamen Ursachen des Gesangs. Sie gibt eine **proximate Erklärung**, die die unmittelbaren Ursachen berücksichtigt. Die zweite Antwort enthält eine **ultimate Erklärung**. Sie bezieht sich auf die in der stammesgeschichtlichen Vergangenheit wirksamen, mittelbaren Ursachen.

Wird Ihnen die Frage nach dem Warum gestellt, wird eine Erklärung von Ihnen verlangt, sind also im Falle biologischer Sachverhalte immer zwei Antworten möglich. Manchmal ist aus dem Kontext der Aufgabe ersichtlich, auf welche Erklärungsebene sie abzielt. Andernfalls ist es durchaus sinnvoll, sich in der Antwort in geordneter Form auf beide Ebenen, auf aktuelle Wirkursachen und evolutionäre Letztursachen, zu beziehen.

Aufgabe 13 Entscheiden Sie, ob die folgenden Aussagen ultimate oder proximate Erklärungen darstellen.
1. Amseln füttern ihre Jungen, weil sie damit ihre reproduktive Fitness erhöhen.
2. Pflanzensprosse krümmen sich zum Licht, weil hormonell bedingt auf der lichtabgewandten Seite ein verstärktes Zellwachstum einsetzt.
3. Hornissenschwärmer besitzen eine gelb-schwarze Färbung und durchsichtige Flügel ohne Schuppen, weil diese Scheinwarntracht (Mimikry) einen Schutz vor Fressfeinden darstellt.

Aufgabe 14 Die Kronblätter vieler Blütenpflanzen sind auffallend gefärbt. Geben Sie eine proximate und eine ultimate Erklärung.

In der Abiturprüfung stehen Erklärungsaufgaben oft im Zusammenhang mit der Analyse eines Materials. In solchen Fällen müssen Sie zunächst das zu erklärende Phänomen deutlich herausarbeiten.

Beispiel

Braunbären sind in mehreren Unterarten auf der nördlichen Halbkugel verbreitet. Die Unterarten unterscheiden sich u. a. in ihrer Körpergröße und -masse.
Erklären Sie die folgenden Befunde.

Unterart	Verbreitungsgebiet	Körpermerkmale
Europäischer Braunbär *Ursus arctos arctos*	in Europa von Skandinavien bis zum Balkan; außerdem in Sibirien, Afghanistan ...	Standhöhe: 3,50 m Schulterhöhe: bis 1 m Gewicht: bis 350 kg
Grizzly *Ursus arctos horribilis*	USA und Kanada	Standhöhe: 3,50 m Schulterhöhe: bis 1,50 m Gewicht: bis 400 kg
Kodiakbär *Ursus arctos middendorffi*	Kodiakinseln vor der Küste von Alaska	Standhöhe: 4,50 m Schulterhöhe: bis 1,50 m Gewicht: bis 800 kg

Bearbeitungsmöglichkeit

Das Material informiert über den Zusammenhang zwischen der Körpergröße dreier Unterarten des Braunbärs und ihren Verbreitungsgebieten. Dabei fällt auf, dass die Körpergröße und vor allem die Körpermasse nach Norden hin zunimmt.	Beschreiben Sie zunächst kurz das Phänomen, das erklärt werden soll.
Diese Erscheinung kann mithilfe der Bergmann'schen Regel erklärt werden: Innerhalb einer Verwandtschaftsgruppe gleichwarmer Tiere sind die Individuen kalter Klimate größer als die in wärmeren Regionen lebenden.	Geben Sie nun die Regel an, die Aussagen zu den Ursachen des Phänomens ermöglicht.
Jede der drei Rassen besitzt ein spezifisches Verhältnis zwischen Körpervolumen (Ort der Wärmeproduktion) und Körperoberfläche (Ort der Wärmeabstrahlung). Dieses Verhältnis bezeichnet man als relative Oberfläche. Mit zunehmender Körpergröße nimmt die relative Oberfläche ab. Die Kodiakbären haben dank ihrer Größe und kompakten Körpergestalt eine geringere relative Oberfläche als die beiden anderen Unterarten. Dank der enormen Masse reicht ihre Wärmeproduktion aus, um die großen Wärmeverluste auszugleichen. Sie können auch in einer kalten Umgebung ihre Körpertemperatur konstant halten. Umgekehrt können die europäischen Braunbären ihre Stoffwechselwärme auch in einer wärmeren Umgebung wie der des Balkans oder des Alpenraumes hinreichend abgeben.	Beziehen Sie die Regel auf das Beispiel. Dabei können Sie den Zusammenhang zwischen Ursache und Wirkung weiter erläutern.

Aufgabe 15 Verallgemeinern Sie die Methodik der geschilderten Versuche und erklären Sie die Ergebnisse.

Verhaltensbiologen machten bei ihren Versuchen folgende Beobachtungen:
1. Brütende Graugänse *(Anser anser)* rollen alle runden Gegenstände in ihr Nest, die man in der Nähe platziert. Große Gegenstände werden dabei bevorzugt. Die Rollbewegung wird auch dann vollständig durchgeführt, wenn der Gegenstand zwischenzeitlich entfernt wird.
2. Männchen des Dreistachligen Stichlings *(Gasterosteus aculeatus)* attackieren präsentierte Gegenstände mit rot gefärbter Unterseite. Im eigenen Territorium fällt die Reaktion besonders stark aus.
3. Erdkröten *(Bufo bufo)* schnappen nach länglichen Gegenständen, die man horizontal an ihnen vorbeibewegt. Hungrige Kröten reagieren bereits auf kleine Objekte intensiver als satte.

Aufgabe 16 Die australische Beuteltierfauna ist durch eingeschleppte Säugetierarten in ihrem Bestand bedroht. Das Department of conservation and land management versucht daher, die Konkurrenten der Beuteltiere gezielt zu dezimieren. Dies geschieht u. a. durch den Abwurf von Ködern, die mit einem Extrakt aus Erbsen der heimischen Gattung *Gastrolobium* versetzt sind. Die Erbsen bilden ein Gift, das für echte Säuger tödlich ist. Beuteltiere sind gegen das Gift resistent.
Erklären Sie die unterschiedliche Wirkung des Giftes im Sinne Lamarcks bzw. Darwins.

Manchmal werden von Ihnen **Voraussagen** zu Erscheinungen verlangt, die Sie nie selbst beobachtet haben. Auch hier hilft Ihnen das Wissen um biologische Gesetze und Prinzipien weiter. Mithilfe Ihrer Kenntnisse über allgemeine Zusammenhänge können Sie voraussagen, wie sich ein konkretes biologisches System unter bestimmten Bedingungen verhält.
- Suchen Sie den **allgemeinen Zusammenhang**, der für das vorliegende Voraussageproblem relevant ist.
- Prüfen Sie, ob er unter den gegebenen Bedingungen wirkt.
- Leiten Sie eine begründete Voraussage ab (Wenn „A" dann „B", weil ...).

Sind Ihnen keine entsprechenden gesetzmäßigen Zusammenhänge bekannt, können Sie unter Umständen dennoch zu einer Voraussage kommen.

- Stellen Sie eine **Hypothese** auf, entwickeln Sie ein eigenes Erklärungsmodell.
- Suchen Sie ein **analoges Beispiel**, einen ähnlich gelagerten Fall, der Ihnen bekannt ist.

Damit begeben Sie sich allerdings auf „dünneres Eis". Da Ihre Voraussage nicht auf einem als wahr bekannten Gesetz basiert, muss sie geprüft werden. Schlagen Sie in solchen Fällen **Möglichkeiten zur Prüfung** vor.

Aufgabe 17 Müssen die folgenden Voraussagen auf ihren Wahrheitsgehalt geprüft werden? Begründen Sie und schlagen Sie gegebenenfalls Möglichkeiten zur Prüfung vor.
1. In einer DNA-Probe wird der Gehalt an Adeninnukleotiden mit 30 % bestimmt. Daraus wird die Voraussage abgeleitet, dass die anderen drei Nukleotidtypen in folgenden Anteilen vorliegen:
Thymin = 30 %, Guanin = 20 %, Cytosin = 20 %.
2. Es wird vorausgesagt, dass bei der Kreuzung schwarzer Rosettenmeerschweinchen mit weißen glatthaarigen Tieren Nachkommen mit einigen Wirbeln und schwarzem Fell entstehen. Eine Kreuzung dieser Tiere miteinander sollte sechs verschiedene Phänotypen ergeben.

Aufgabe 18 In der biologischen Reinigungsstufe von Klärwerken sorgen Bakterien für die Umsetzung gelöster organischer Verunreinigungen des Abwassers. Welche Auswirkungen erwarten Sie unter folgenden Bedingungen? Begründen Sie Ihre Voraussagen.
1. starke Zunahme der organischen Belastung des Wassers
2. sinkende Temperaturen im Spätherbst
3. Einleiten von Industrieabwässern, die Schwermetallsalze enthalten

Auf den Punkt gebracht
- Bleiben Sie nicht beim Beschreiben der Erscheinung stehen.
- Klären Sie das „Warum?".
- Nutzen Sie dazu möglichst Gesetze, Regeln, allgemeine Prinzipien.

2 Materialien bearbeiten

2.1 Abbildungen

Abituraufgaben enthalten im Material häufig Abbildungen von biologischen Strukturen und Prozessen. Die umfassende Erschließung der Bilder trägt entscheidend zu einer erfolgreichen Lösung der Aufgaben bei. Ihr erster Schritt in der Bearbeitung besteht darin, die bildliche Information in Worte zu fassen, sie zu verbalisieren.

- Verschaffen Sie sich zunächst Klarheit über das Zustandekommen der Abbildung. Handelt es sich um die Wiedergabe eines mikroskopischen Bildes, um eine Versuchsanordnung, eine Verhaltensbeobachtung …? Beachten Sie dabei den Aufgabentext, die Bildunterschrift und die angegebene Quelle.
- Prüfen Sie, ob Ihnen der dargestellte Sachverhalt aus dem Unterricht bekannt ist.
- Notieren Sie Stichpunkte zum Bildinhalt. Beschränken Sie sich dabei zunächst auf das, was sich aus dem Bild eindeutig ableiten lässt. (Notieren Sie eventuell Vermutungen und offene Fragen gesondert.)
- Formulieren Sie aus den Stichpunkten einen kurzen Text, der die Bildinformation in Worten wiedergibt. Vermeiden Sie dabei Schachtelsätze.

Wie sie weiter verfahren, ergibt sich aus der Aufgabenstellung. Prüfen Sie, ob eine Erklärung, Begründung, Voraussage o. Ä. von Ihnen erwartet wird.

Aufgabe 19 Fertigen Sie zu den beiden Abbildungen jeweils einen Stichpunktkatalog an.

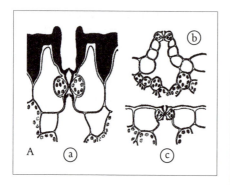

Z = Zugvögel
S = Standvögel
T = Teilzieher

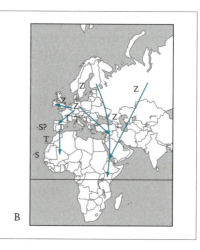

Aufgabe 20 Beschreiben Sie anhand der folgenden Abbildungen Durchführung und Ergebnisse der Versuche.

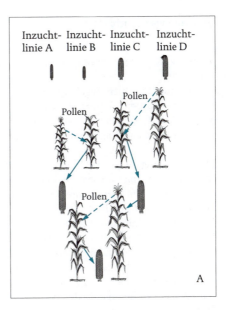

A

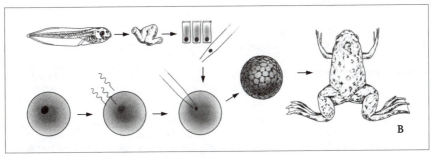

B

Beispiel Erläutern Sie, wie man mithilfe der abgebildeten Versuchsanordnung den Einfluss zweier Faktoren auf den Wasserhaushalt von Pflanzen untersuchen kann. Begründen Sie, welche Ergebnisse zu erwarten sind.

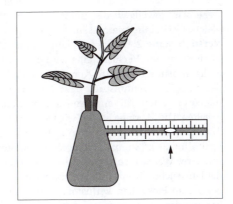

Bearbeitungsmöglichkeit

- Versuchsanordnung
- Themenbereich: Pflanzenphysiologie, Wasserhaushalt, Transpiration
- Diffusion, aber auch Regelung über Schließzellen
- Einflussfaktoren: Temperatur, Luftfeuchte, Wind, Blattfläche
- Indirekte Messung der Wasserabgabe über Luftblase
- Menge des transpirierten Wassers $\hat{=}$ Bewegung der Blase nach links

Fertigen Sie einen Stichpunktkatalog zur Stoffsammlung an.

Die Abbildung zeigt eine Versuchsanordnung, mit deren Hilfe man die Transpirationsgeschwindigkeit bei Pflanzensprossen messen kann. Die Sprossachse einer Pflanze wurde in ein randvoll mit Wasser gefülltes Gefäß so eingesetzt, dass das Gefäß luftdicht abgeschlossen ist. Transpiriert der Spross, entsteht ein Unterdruck (Transpirationssog). Dieser Sog zieht Wasser aus dem Gefäß über die Leitbündel der Pflanze bis in die Blätter. Adhäsion und Kohäsion verhindern ein Abreißen der Wassersäule.

Über einen seitlichen Ansatz ist das Gefäß mit einer waagerechten Kapillare verbunden. In der Wassersäule der Kapillare ist eine Luftblase eingeschlossen, deren Bewegung als Maß für die Transpiration gelten kann. Zum Ablesen der Messwerte dient eine Skala hinter der Kapillare. Die Skala sollte so geeicht sein, dass man von ihr direkt die Verringerung des Wasservolumens ablesen kann.

Beschreiben Sie Aufbau und Funktionsweise der Versuchsanordnung.

Versuchsreihe 1: Einfluss der Temperatur

Die Versuchsanordnung wird wie abgebildet aufgebaut und die Transpirationsgeschwindigkeit zunächst bei Zimmertemperatur bestimmt. Dazu misst man die Verringerung der Wassermenge im Gefäß in einem bestimmten Zeitraum (z. B. einer Stunde). Anschließend wird in weiteren Versuchen die Umgebungstemperatur variiert, alle anderen Faktoren aber konstant gehalten. Dabei wird jeweils wieder die transpirierte Wassermenge in der gleichen Zeiteinheit gemessen.

*Schlagen Sie zwei Versuche vor. **Achtung:** Will man veränderte Messergebnisse eindeutig auf eine Ursache zurückführen, darf immer nur ein Faktor variiert werden.*

Versuchsreihe 2: Einfluss der Luftfeuchte

In einer zweiten Versuchsreihe wird die Luftfeuchte variiert. Dazu kann man die gesamte Apparatur in eine Kammer stellen, in der man über Verdunstung bzw. Absorption den Wassergehalt der Luft reguliert. Alle anderen Faktoren werden wieder konstant gehalten. Die Messung erfolgt wie bei Versuchsreihe 1.

Transpiration ist die geregelte Abgabe von Wasserdampf über die Spaltöffnungen (Stomata). Bei geöffneten Stomata hängt die diffundierte Wassermenge beispielsweise von der Temperatur und der Luftfeuchte (Konzentrationsunterschied innen – außen) ab. Nach dem Fick'schen Diffusionsgesetz steigt die Geschwindigkeit mit der Temperatur und dem Konzentrationsunterschied. Je wärmer die Umgebung – umso höher die Transpirationsge-

Leiten Sie die begründeten Voraussagen ab. Nutzen Sie dazu den Transpirationsbegriff und die Gesetzmäßigkeiten der Diffusion.

schwindigkeit. Je feuchter die Umgebungsluft – umso geringer die Transpiration. Bei der Voraussage muss man beachten, dass die Pflanze in der Lage ist, übermäßige Transpiration durch Bewegung der Schließzellen zu verhindern. In dieser Versuchsanordnung ist die Wasserversorgung aber auch bei starker Transpiration gewährleistet. Der Turgor der Schließzellen wird also aufrechterhalten und die Stomata bleiben offen.

Aufgabe 21 Die nachfolgende Abbildung zeigt Ausbildungsformen menschlicher Zellen. Erläutern Sie für zwei Zellformen den Zusammenhang von Bau und Funktion. Erklären Sie das Auftreten so unterschiedlicher Zellformen bei ein und derselben Art ontogenetisch und phylogenetisch.

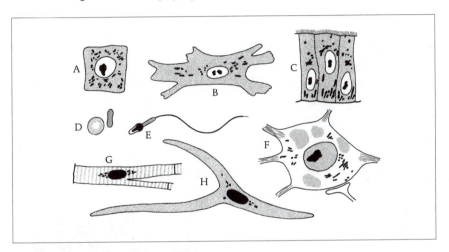

Aufgabe 22 Geben Sie stichpunktartig die Herstellung eines Karyogramms wieder. Erklären Sie das Zustandekommen des abgebildeten Karyotyps.

Einige biologische Themen wie Gentechnik und Reproduktionsbiologie oder auch der Ökologie und Biodiversität sind in den letzten Jahren in das Zentrum des öffentlichen Interesses gerückt. In dem Maße, wie sich die Medien diesen Fragen zuwenden, werden Standpunkte auch in Form von Karikaturen deutlich gemacht.

Karikaturen sind polemisch gemeint. Sie sind streitbar und provokativ, mitunter auch bissig, keinesfalls aber sachlich darstellend. Bei der Bearbeitung eines solchen Materials müssen Sie zwischen objektivem Sachverhalt und subjektiver Meinung des Zeichners unterscheiden. Hinzu kommt eine zweite Anforderung: Wie bei jeder Abbildung müssen Sie verbalisieren, also die bildliche Aussage in Worte fassen.

In der Abiturprüfung kann eine Karikatur Ausgangspunkt zur Erörterung eines biologischen Problems sein. Beim Interpretieren einer Karikatur sollten Sie die folgenden Hinweise beachten:

- Beschreiben Sie die Bildelemente.
- Ordnen Sie den Bildelementen biologische Sachverhalte zu.
- Zuspitzung, Ironie und Sarkasmus sind Stilmittel der Karikatur. Prüfen Sie, inwieweit die Zeichnung den biologischen Sachverhalt realistisch darstellt.
- Der Zeichner äußert mit seiner Karikatur eine Meinung. Fassen Sie diese Meinung thesenartig in Worte.
- Stimmen Sie dem Zeichner zu? Es kann für die weitere Bearbeitung hilfreich sein, diese Frage zu klären.
- Wenden Sie sich nun dem eigentlichen biologischen Problem zu und bearbeiten Sie es gemäß der Aufgabenstellung.

Aufgabe 23 Analysieren Sie die Karikatur A. Formulieren Sie deren Kernaussage.

Aufgabe 24 Analysieren Sie die Karikatur B. Stellen Sie zur Nutzung der Gentechnik in der Landwirtschaft Argumente pro und contra tabellarisch zusammen.

2.2 Formeln und Gleichungen

Eigentlich gehören Formeln und Gleichungen zu den Modellen. Da sie aber besonders abstrakt sind, erfordern sie andere Lösungsstrategien als bildhafte, anschaulichere Modelldarstellungen. Beim Umgang mit Formeln und Gleichungen ist Ihre Fähigkeit, Symbole zu deuten, in besonderem Maße gefordert.

Wenn man versucht, biologische Vorgänge quantitativ zu erfassen, werden mathematische Gleichungen unverzichtbar. Zwar werden Sie im Abitur kaum umfangreiche Berechnungen anstellen. Möglicherweise müssen Sie aber aus einer Gleichung halbquantitative Aussagen ableiten. Etwa nach dem Muster: Wie verändert sich x, wenn y zunimmt?

Klären Sie dabei folgende Punkte:
- den thematischen Zusammenhang
- die biologische Bedeutung der Größen, die in der Gleichung auftauchen
- den Einfluss biologischer Vorgänge auf die einzelnen Größen
- den Einfluss der Veränderung einer Größe auf das Ergebnis (Vergrößerung des Nenners mindert den Betrag eines Bruchs, Vergrößerung des Zählers erhöht ihn usw.)

Aufgabe 25 Diffusionsvorgänge treten in allen lebenden Strukturen auf. Die Beeinflussung ihrer Geschwindigkeit kann durch das Fick'sche Diffusionsgesetz beschrieben werden.

m = Diffusionsstrom; D = Diffusionskoeffizient (z. B. abhängig von Teilchenart und Temperatur); F = Oberfläche; d = Diffusionsstrecke; Δc = Konzentrationsunterschied

$$m = D \cdot \frac{F}{d} \cdot \Delta c$$

Geben Sie Beispiele dafür an, wie in Organismen ein hinreichend schneller Diffusionsstrom erreicht wird.

Aufgabe 26 Bei Honigbienen haben Arbeiterinnen keinen eigenen Nachwuchs. Sie helfen stattdessen bei der Aufzucht ihrer eigenen Geschwister.
Erklären Sie dieses altruistische Verhalten mithilfe der Hamilton-Ungleichung.

K = Kosten eines Verhaltens; r = relativer Verwandtschaftsgrad; N = Nutzen eines Verhaltens

$$K < r \cdot N$$

Im Themenbereich Stoff- und Energiewechsel sollen Sie häufig bei der Lösung einer Aufgabe chemische Formeln oder Reaktionsgleichungen berücksichtigen. Um dem Material möglichst viele Informationen entnehmen zu können, sollten Sie es in Worte fassen.
- Benennen Sie die Stoffe (Tafelwerk nutzen).
- Ordnen Sie den Stoff/die Reaktion in das Stoffwechselgeschehen der Zelle ein.
- Beschreiben Sie Stoff- und Energieänderung.
- Prüfen Sie, ob Informationen über die Reaktionsbedingungen angegeben sind (Temperatur, Konzentrationen, Enzyme und Coenzyme …).

Aufgabe 27 Verbalisieren Sie die folgenden Reaktionsgleichungen und erläutern Sie ihren Zusammenhang.
1. $C_6H_{12}O_6 + 6\,O_2 + 6\,H_2O \longrightarrow 6\,CO_2 + 12\,H_2O$; $\Delta G = -2\,870\,kJ/mol$
2. $C_6H_{12}O_6 + 6\,O_2 + 6\,H_2O + 36\,ADP + 36\,\circled{P} \longrightarrow 6\,CO_2 + 12\,H_2O + 36\,ATP$
3. $ATP \longrightarrow ADP + \circled{P}$; $\Delta G = -30{,}5\,kJ/mol$

Aufgabe 28 Zur Aufklärung der Biochemie der Fotosynthese hat man einzellige Algen mit Kohlenstoffdioxid versorgt, der Sauerstoffatome des radioaktiven Isotops ^{18}O enthielt. Bei der Untersuchung der Reaktionsprodukte stellte man fest, dass ausschließlich Glucose, nicht aber Sauerstoff radioaktiv markiert war.
Prüfen Sie im Licht dieser Versuchsergebnisse die beiden Bruttogleichungen.
1. $6\,CO_2 + 6\,H_2O \longrightarrow C_6H_{12}O_6 + 6\,O_2$
2. $6\,CO_2 + 12\,H_2O \longrightarrow C_6H_{12}O_6 + 6\,O_2 + 6\,H_2O$

Beispiel Zum Einsatz beim Anbau von transgenem Raps wurde das Totalherbizid Basta® entwickelt. Es enthält den Wirkstoff Phosphinotricin (A), der von den gentechnisch veränderten Pflanzen durch das Enzym PAT abgebaut werden kann. Phosphinotricin greift in einen Stoffwechselschritt ein, bei dem Pflanzen das giftige Stoffwechselprodukt Ammoniak nutzen, um die Aminosäure Glutamin zu synthetisieren (B). Entwickeln Sie ein Schema, in dem die Wirkung von Basta® als Pflanzenschutzmittel deutlich wird.

Geistige Arbeitstechniken und Lösungsstrategien

[Abbildung: Glutaminsäure + NH₃ → (Glutaminsynthetase) → Glutamin; B]

Bearbeitungsmöglichkeit

Phosphinotricin; Zwitterion mit einer Ammoniumgruppe $-NH_3^+$ und einer Carboxylatgruppe $-COO^-$

Abgewandelte Aminosäure, daher starke strukturelle Ähnlichkeit mit Glutaminsäure.

Kann aktives Zentrum der Glutaminsynthetase besetzen (kompetitive Hemmung).

Analysieren der Struktur des Wirkstoffs

Leiten Sie die primäre Wirkung ab.

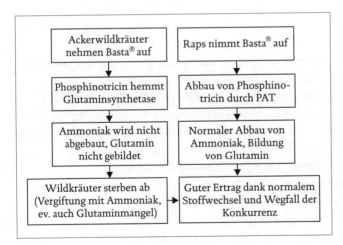

Stellen Sie die Vorgänge in den Ackerwildkräutern bzw. dem Raps parallel dar.

Leiten Sie die Förderung der Kulturpflanzen ab.

Aufgabe 29 Im Rahmen des Citratzyklus werden Succinat-Ionen durch das Enzym Succinatdehydrogenase (SDH) zu Fumarat-Ionen oxidiert. In einem weiteren Schritt entstehen durch Wasseranlagerung Malat-Ionen.

$$H_2C-COO^{\ominus} \quad H_2C-COO^{\ominus} \xrightarrow[FAD \quad FADH_2]{SDH} \quad {}^{\ominus}OOC-CH=CH-COO^{\ominus} \xrightarrow{+H_2O} HOHC-COO^{\ominus} \quad H_2C-COO^{\ominus}$$

Succinat — Fumarat — Malat

In einer Versuchsreihe wird gezeigt, dass die Succinatdehydrogenase sowohl durch Malat-Ionen als auch durch Quecksilber-Ionen (Hg^+) gehemmt wird.
1. Kennzeichnen Sie die Bedeutung des Citratzyklus im Stoffwechselgeschehen der Zelle.
2. Erklären Sie die geschilderte Hemmwirkung der Malat- und Quecksilber-Ionen. Leiten Sie Möglichkeiten zur Aufhebung der Hemmung ab.
3. Stellen Sie die Aktivität des Enzyms in Abhängigkeit von der Substratkonzentration für die ungehemmte Reaktion sowie in Gegenwart der beiden Inhibitoren grafisch dar.

2.3 Diagramme und Grafiken

Beobachtungen in der Natur, aber auch Messungen und Experimente im Labor bringen Zahlenmaterial, das oft in Form grafischer Darstellungen präsentiert wird. Auch im Abitur werden Sie auf die eine oder andere Weise mit solchen Darstellungen konfrontiert.

Beim Umgang mit den entsprechenden Materialien und Aufgaben sollten Sie sich zunächst drei grundsätzliche Fragen stellen:
1. In welches **inhaltliche Umfeld** gehört der dargestellte Zusammenhang?
   Versuchen Sie beispielsweise, das Material einem Kursthema zuzuordnen. Prüfen Sie, ob Ihnen aus dem Unterricht ähnliche Darstellungen bekannt sind. Beachten Sie besonders den Titel des Diagramms.
2. Welcher **Arbeitsauftrag** ist mit dem Material verbunden?
   Die Aufgabenstellung kann Sie auffordern,
   - die Grafik zu beschreiben, zu erläutern, zu erklären
   - Kurvenverläufe zu vergleichen
   - das Material ganz allgemein auszuwerten, zu interpretieren
   - eine eigene Hypothese aufzustellen und am Material zu prüfen

3. Gibt es **Zusätze**, die Ihre Analyse in eine bestimmte Richtung lenken?
   Es ist möglich, dass Sie aufgefordert werden,
   - einen speziellen Teilaspekt mithilfe Ihres biologischen Wissens zu begründen,
   - die Darstellung mit einer biologischen Regel oder einem Gesetz in Verbindung zu bringen.

Ihre weitere Lösungsstrategie hängt in erster Linie von der Beantwortung der zweiten und dritten Frage ab. Suchen Sie daher immer erst nach allen drei Komponenten der Aufgabe und markieren Sie vor allem den Arbeitsauftrag.
Am Beginn der Bearbeitung eines Kurvendiagramms sollte eine knappe, aber informative und treffende Beschreibung stehen.
Klären Sie zunächst:
- Wie viele Größen sind im Diagramm dargestellt?
- Welches ist die unabhängige, welches die abhängige(n) Größe(n)?
- Welche Maßeinheiten wurden verwendet?
- Wie wurden die Skalen eingeteilt? Bei äquidistanter Einteilung ändert sich die Größe von einem Skalenwert zum nächsten immer um den gleichen Betrag. Auf logarithmischen Skalen entspricht der nächsthöhere Wert dem zehnfachen des vorhergehenden.

Machen Sie in Ihrer Beschreibung zu all diesen Punkten kurze Angaben. Wenden Sie sich erst dann dem Kurvenverlauf zu. Prüfen Sie, ob sich der Verlauf des Graphen einem bestimmten Typ zuordnen lässt.
Bei der Darstellung biologischer Sachverhalte findet man einige Grundtypen von Graphen besonders häufig. Treten sie auf, kann man bereits aus dem generellen Verlauf einige Informationen entnehmen.

- **Lineare Wachstumskurve**
  Eine linear ansteigende Kurve weist auf Proportionalität zwischen der unabhängigen und der abhängigen Größe hin. So wächst in diesem Beispiel die Frequenz der Aktionspotenziale an einer ableitenden Nervenfaser proportional zur Erregung des Rezeptors.

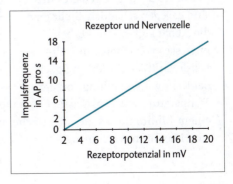

Aber Achtung, der erste Eindruck kann täuschen: Das Wachstum ist nicht proportional, wenn die y-Achse eine logarithmische Einteilung besitzt. In diesem Fall handelt es sich um eine besondere Darstellung exponentiellen Wachstums.

- **Sättigungskurve**
  Hier beginnt die Kurve mit einem linearen oder exponentiellen Anstieg, der später abflacht und in eine Stagnation übergeht (Verlauf parallel zur x-Achse). In diesem letzten Kurvenabschnitt reagiert die abhängige Größe nicht mehr auf eine Steigerung der unabhängigen. Die Kapazität des Systems ist ausgelastet.

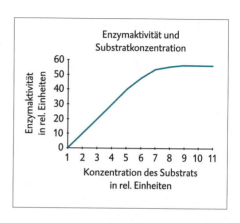

Im angegebenen Beispiel etwa sind ab einer Substratkonzentration von 9 relativen Einheiten alle Enzymmoleküle in Enzym-Substrat-Komplexe eingebunden. Die Reaktionsgeschwindigkeit kann durch eine weitere Erhöhung der Substratkonzentration nicht mehr gesteigert werden.

- **Optimumkurve**
  Prozesse in lebenden Systemen sind auf mittlere Werte der Milieubedingungen angewiesen. Extremwerte der Temperatur, des pH-Wertes, des Salzgehaltes usw. sind dagegen schädlich. Stellt man die Abhängigkeit eines Lebensprozesses von einem Umweltfaktor dar (hier die Abhängigkeit der Keimwurzelbildung von der Temperatur), erhält man daher eine Optimumkurve. Sie steigt zunächst von einem Minimum bis zu einem Scheitelpunkt (Optimum) an, um dann bis zum Maximumwert abzufallen.

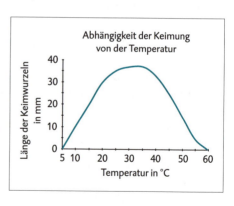

Aufgabe 30 Stellen Sie zu Diagramm und Aufgabenstellung zunächst die folgenden Angaben stichpunktartig zusammen: Themenbereich, Arbeitsauftrag, Untersuchungsobjekt, Zusatzinformationen, dargestellte Größen.

Bisonkühe werden mit zweieinhalb Jahren geschlechtsreif und bleiben danach circa zwanzig Jahre fortpflanzungsfähig. Nach einer Tragzeit von neun Monaten werfen sie ein einzelnes Kalb.
Leiten Sie aus dem Vergleich der Kurven eine Hypothese unter dem Aspekt Fitnessmaximierung ab.

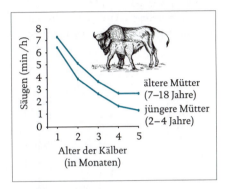

Aufgabe 31 Beschreiben Sie für die folgenden Diagramme jeweils in einem Satz die dargestellten Größen und Abhängigkeiten.

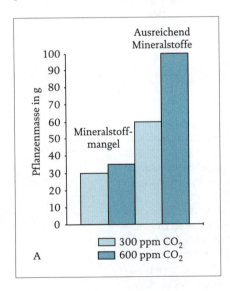

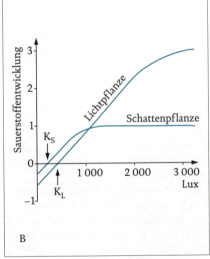

Beispiel Unter dem Aspekt einer nachhaltigen Bodennutzung ist auch die Düngung landwirtschaftlicher Kulturen von Interesse. In Bad Lauchstädt (Sachsen-Anhalt) werden dazu seit über hundert Jahren Versuche durchgeführt. Die folgenden Diagramme zeigen die Mittelwerte eines Langzeitversuchs mit Kulturen von Kartoffel, Zuckerrübe und Getreiden von 1968 bis 1994.
Analysieren Sie die Diagramme im Zusammenhang. Interpretieren Sie die Befunde aus physiologischer und ökologischer Sicht.

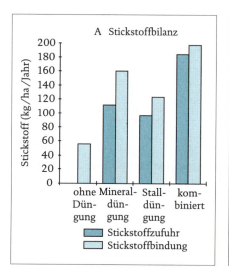
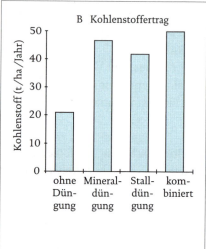

Bearbeitungsmöglichkeit

Die Diagramme zeigen Ergebnisse von Langzeitversuchen mit verschiedenen Düngungsmethoden bei landwirtschaftlichen Kulturen.

In **Abbildung A** ist der Zusammenhang zwischen der Zufuhr von Stickstoff und der Bindung des Elements in den Pflanzen dargestellt.

Durch Mineraldünger wurde etwas mehr Stickstoff zugeführt als durch Stalldung. Auf den Flächen mit kombinierter Düngung war die Stickstoffzufuhr am höchsten. Ohne Düngung binden die Pflanzen pro Jahr und Hektar knapp 60 kg Stickstoff. Dieser Wert kann als Blindprobe im Vergleich mit den gedüngten Flächen dienen. Jede Düngungsmethode steigert die Stickstoffbindung, allerdings mit unterschiedlicher Effektivität. Bei kombinierter Düngung ist die absolute Stickstoffbindung zwar am stärksten gesteigert worden, relativ zum Eintrag war aber die Mineraldüngung effektiver.

Beschreiben Sie die Befunde, die man aus Diagramm A ablesen kann.

Abbildung B zeigt die Masse an Kohlenstoff, der in den Pflanzen gebunden ist. Diese Werte können als Maß für die Produktivität der Fläche gelten.

Der Ertrag auf den ungedüngten Flächen liegt bei 2 t pro Jahr und Hektar und kann auch hier als Vergleichswert herangezogen werden. Düngung steigert den Ertrag an organischer Substanz. Mineraldünger wirken etwas stärker als Stalldung, kombinierte Düngung hat den deutlichsten Effekt.

Ein Vergleich der Diagramme zeigt, dass sich die Düngungsmethoden auf die Bindung von Stickstoff ähnlich auswirken wie auf die von Kohlenstoff.

Der Kohlenstoffertrag der Versuchsfläche ist Ausdruck der Fotosyntheseleistung der Pflanzen. Über die Stomata wird Kohlenstoffdioxid aufgenommen und in den Chloroplasten an einen Akzeptor (Ribulose-1,5-bisphosphat) gebunden. Mithilfe von ATP und Reduktionsäquivalenten (NADPH+H$^+$) aus der Lichtreaktion gelingt es den Pflanzen dann im Calvin-Zyklus das Kohlenstoffdioxid zum Aufbau von Traubenzucker zu nutzen. Alle organischen Stoffe, die den pflanzlichen Organismus aufbauen, gehen letztendlich auf das Primärprodukt Glucose zurück.

Stickstoff ist ein Hauptelement des pflanzlichen Stoffwechsels. Er wird in Form von Nitrat- oder Ammoniumionen über die Wurzeln aufgenommen. Die Pflanze benötigt Stickstoff beispielsweise für die Synthese von Aminosäuren. Auch andere lebenswichtige Moleküle wie die organischen Basen der DNA oder das Chlorophyll enthalten Stickstoffatome.

Damit ist die Stickstoffversorgung ein Faktor, der das Wachstum der Pflanzen und damit den Kohlenstoffertrag der Versuchsfelder direkt und indirekt stark beeinflusst. Stellvertretend seien nur einige Vorgänge genannt:
- Für die Fotosynthese werden stickstoffhaltige Verbindungen benutzt: Chlorophyll, Enzyme, ATP, NADP$^+$ ...
- Wachstum setzt eine Proteinbiosynthese voraus und diese benötigt stickstoffhaltige Aminosäuren.
- Wachstum bedeutet auch Zellteilung und damit Replikation der DNA. Dazu werden stickstoffhaltige Nukleotide benötigt.

Als Stickstoffquelle stehen den Pflanzen vor allem die im Boden vorhandenen Nitrate zur Verfügung. Der so aufgenommene Stickstoff wird im pflanzlichen Stoffwechsel verwertet und über die Nahrungskette an heterotrophe Organismen weitergegeben. Mit den Ausscheidungen der Tiere gelangt Stickstoff in unterschiedlichen Verbindungen (z. B. Harnstoff) in den Boden zurück. Bei der Zersetzung abgestorbener Organismen wird Stickstoff vorrangig in Form von Ammoniumionen frei. Nitrifizierende Bakterien sorgen für die Oxidation der Ammonium- zu Nitrationen. Das riesige Stickstoffreservoir der Atmosphäre steht den Pflan-

zen nicht zur Verfügung, da sie elementaren Stickstoff nicht fixieren können. Indirekt profitieren sie dennoch davon. Einige Bakterien können elementaren Stickstoff in Ammoniumionen einbauen und damit im Boden binden. Andererseits verliert der Boden aber Stickstoff durch denitrifizierende Mikroorganismen.
Die bakterielle Bindung von Luftstickstoff gleicht den Entzug durch Pflanzen nur zu einem Bruchteil aus. Dadurch wird, vor allem bei intensiver Bewirtschaftung von Agrarflächen, Stickstoff zu einem begrenzenden Faktor für das Pflanzenwachstum.
Dem landwirtschaftlich genutzten Boden muss der Verlust „zurückgegeben" werden. Dies kann in unterschiedlicher Form geschehen, wie auf den Versuchsfeldern getestet wurde. Mineraldünger hat wohl aus folgenden Gründen die größte Effektivität:

Beziehen Sie sich nun wieder auf das Material. Begründen Sie die unterschiedlichen Effekte der Düngungsmethoden.

- Er enthält Stickstoff in der für Pflanzen am besten verwertbaren Form, als Nitrationen.
- Er ermöglicht die gleichzeitige Gabe anderer Mangelelemente wie Phosphor in abgestimmter Dosierung.
- Er kann zeitlich genau dann eingesetzt werden, wenn der Bedarf am höchsten ist, in der Hauptwachstumsperiode der Pflanzen. (Eine hohe Düngerdosierung kann wegen der osmotischen Wirkung das Pflanzenwachstum auch behindern.)

Stalldung hat keine so hohe Stickstoffdichte. Andererseits werden die im Dung enthaltenen Stickstoffverbindungen erst langsam in Nitrationen umgewandelt. Daraus ergibt sich ein Depoteffekt, der besonders wichtig ist, da die leicht löslichen Nitrate schnell ausgewaschen werden. Darüber hinaus verbessert Stalldung die Bodenstruktur. Eine bessere Durchlüftung des Bodens fördert die Wurzelatmung und damit das Pflanzenwachstum.
Aus der Summe dieser Effekte ist erklärbar, warum die kombinierte Düngung den höchsten Kohlenstoffertrag bringt.

Aufgabe 32 Die kanadische Goldrute und der bei uns heimische weiße Steinklee besitzen ähnliche Standortansprüche. Sie besiedeln vor allem Brachland und Ruderalflächen. Die Goldrute wurde im 19. Jh. nach Europa eingeschleppt und breitet sich seither stark aus. Werten Sie die Ergebnisse der Beetversuche aus und geben Sie eine Erklärung für die oben beschriebene Entwicklung. Schlagen Sie weitere Untersuchungen vor, um die Ursachen der Ausbreitung zu klären.

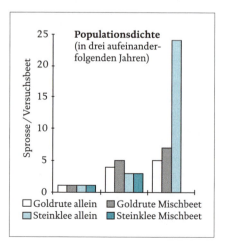

Aufgabe 33 Tiere und Pflanzen können organische Substanzen in speziellen Geweben und Organen speichern. Das Diagramm zeigt die Veränderung der Reservestoffe einer Spinne im Jahresverlauf.
1. Begründen Sie anhand dieses Beispiels die Notwendigkeit der Speicherung.
2. Entwickeln Sie eine Hypothese zum Zustandekommen der jahreszyklischen Veränderungen und planen Sie ein Experiment zur Prüfung Ihrer Hypothese.

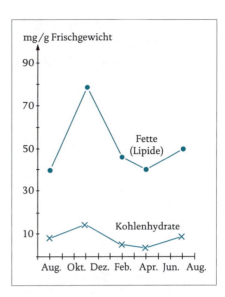

Aufgabe 34 Beobachtet man Hühnerküken nach dem Schlüpfen, stellt man fest, dass ihre Pickbewegungen zunehmend zielgenauer werden. In einer Versuchsreihe hat man die Hühnchen in den ersten Tagen im Dunkeln gehalten und von Hand gefüttert. In unterschiedlichem Alter bekamen sie erstmals Gelegenheit, nach Futter zu picken.
1. Analysieren Sie die Ursachen der zunehmenden Treffsicherheit aus dem Diagramm.
2. Planen Sie weitere Versuche, mit denen man ermitteln kann, welche Faktoren das Picken auslösen.

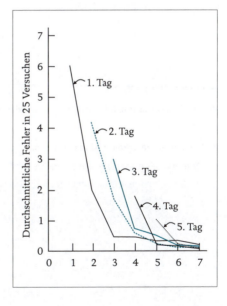

Aufgabe 35 Beschreiben Sie das Wachstum der beiden Populationen in den nachfolgenden Diagrammen. Begründen Sie, in welcher Abbildung das Wachstum einer Bakterienkolonie bzw. einer Virenkultur dargestellt ist.

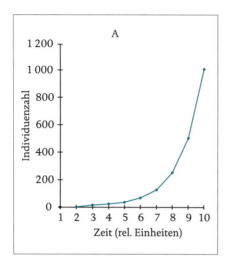
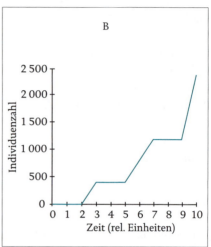

Auf den Punkt gebracht

Wenn Sie Diagramme interpretieren, dann klären Sie auf jeden Fall die folgenden Fragen:
- Was wurde untersucht?
- Welche Auffälligkeiten sind erkennbar?
- Wie sind die Auffälligkeiten zu erklären?

2.4 Tabellen

Daten zu biologischen Sachverhalten lassen sich in tabellarischer Form knapp und komprimiert zusammenfassen. Um den Informationsgehalt der Darstellung transparent zu machen, ist es allerdings notwendig, die Tabelle auszuwerten. So unterschiedlich Tabellen im Aufbau und Inhalt sind, so verschiedenartig ist auch ihre Auswertung. Dennoch gibt es auch hier einige hilfreiche Grundregeln.

- Analysieren Sie zunächst die mit der Tabelle verbundene Aufgabenstellung. Möglicherweise finden Sie hier bereits eine Vorgabe zur Richtung oder Schwerpunktsetzung der Auswertung.
- Ordnen Sie die Darstellung inhaltlich ein. Titel bzw. Überschrift der Tabelle sind dabei besonders zu beachten.
- Nun müssen Sie die Struktur der Tabelle verstehen. Sehen Sie sich dazu Kopfzeile und Randspalte genau an. Handelt es sich um eine einfache Zusammenstellung von Fakten oder um Versuchsergebnisse, Messdaten…? Betreffen die Informationen ein oder mehrere biologische Objekte?
- Wenn die Tabelle Zahlenmaterial enthält, achten Sie besonders auf die Einheiten. Lassen Sie wie ein Habicht Ihren Blick über der Tabelle kreisen und suchen Sie nach Auffälligkeiten: Trends, Extremwerte, Stagnationen…
- Werten Sie nun die einzelnen Zeilen und Spalten aus, indem Sie vergleichen, abstrahieren und generalisieren.

Beim **Vergleichen** werden gemeinsame und unterschiedliche Merkmale mehrerer Objekte ermittelt und dargestellt. Mit einer bloßen Aufzählung der Fakten ist es allerdings nicht getan. Der Zweck des Vergleichs entscheidet darüber, welche Übereinstimmungen und Unterschiede wichtig sind. Sie müssen also zunächst mithilfe der Aufgabenstellung die Kriterien Ihres Vergleichs festlegen. Dadurch können Sie die Informationen der Tabelle filtern, wesentliche herausheben, unwesentliche dagegen aussondern.

Oft sind grundlegende Übereinstimmungen besonders wichtig, Unterschiede im Detail dagegen nebensächlich. In einem anderen Fall kann es gerade darauf ankommen, den einen entscheidenden Unterschied zwischen zwei Sachverhalten herauszuarbeiten. In jedem Fall endet der Vergleich mit einer Schlussfolgerung, einem Fazit.

48 / Geistige Arbeitstechniken und Lösungsstrategien

Aufgabe 36 Die amerikanische Biologin K. Milton untersuchte das Ernährungsverhalten von Neuweltaffen in den Tropenwäldern Panamas. Dabei kam sie u. a. zu den in der Tabelle dargestellten Befunden. Charakterisieren Sie die Ernährungsstrategie der beiden nahe verwandten Affenarten.

Art	Geoffroy-Klammeraffe (Ateles geoffroy)	Mantelbrüllaffe (Alouatta palliata)
Lebensraum	Kronenbereich	Kronenbereich
Körpergewicht	6–8 kg	6–8 kg
Gehirngewicht	107 g	50,3 g
Typische Nahrung	72 % Früchte 22 % Blätter 6 % Blüten	42 % Früchte 48 % Blätter 10 % Blüten
Tagesstrecke	915 m	443 m
Verdauungstrakt	Kurzer Dickdarm Passage der Nahrung ca. 4 Std.	Langer Dickdarm Passage der Nahrung ca. 20 Std.

Aufgabe 37 Von dem Darmbakterium *E. coli* existieren mehrere Stämme, die durch Mutation die Fähigkeit zu bestimmten Stoffwechselleistungen verloren haben. In einer Versuchsreihe hat man zwei Bakterienstämme zunächst in Rein- bzw. Mischkultur in Kulturgefäßen mit einem Vollmedium vermehrt, das alle notwendigen Stoffe enthielt. Anschließend wurden die Bakterien auf unterschiedliche Nährböden übertragen.
Leiten Sie aus dem Versuchsergebnis Schlussfolgerungen ab.

Kulturgefäß mit Vollmedium	Übertragen auf Nährboden			
	ohne Arginin ohne Tryptophan	mit Arginin ohne Tryptophan	ohne Arginin mit Tryptophan	mit Arginin und Tryptophan
Reinkultur Stamm A	○	●	●	●
Reinkultur Stamm B	○	●	○	●
Mischkultur aus A und B	●	●	●	●

Bakterienkolonien: ●   Keine Kolonien: ○

Sind in der Abiturprüfung umfangreichere Datenmengen zu berücksichtigen, ist es besonders wichtig, den Überblick zu behalten. Bevor Sie die einzelnen Daten analysieren, sollten Sie sich Klarheit darüber verschaffen, welche Beziehungen zwischen den Spalten der Tabelle bestehen.
In der Lösung zu folgendem Beispiel müssen Sie etwa gleich sechs Messwertreihen im Zusammenhang betrachten.

Beispiel Der Bodensee gehört zu den ökologisch intensiv untersuchten Binnengewässern. Werten Sie die nachfolgenden Messdaten aus (Jahresverlauf einiger abiotischer Ökofaktoren im Oberflächenwasser) und erklären Sie deren jahreszeitliche Veränderung.

Monat	T in °C	Sichttiefe in m	O_2 in mg/L	CO_2 in mg/L	NO_3^- in mg/L	PO_4^{3-} in µg/L
Januar	4,6	11,8	10,0	4,6	0,71	35
Februar	4,6	10,9	10,0	3,5	1,13	36
März	4,3	10,3	10,2	2,5	0,93	62
April	5,6	8,5	10,1	3,3	0,70	64
Mai	9,0	4,9	14,7	0	0,45	11
Juni	14,7	9,2	11,0	0	0,31	10
Juli	19,8	5,3	11,9	0	0,27	1
August	20,1	4,8	12,2	0	0,24	3
September	19,6	4,8	11,0	0	0,11	1
Oktober	14,7	6,0	12,0	0	0,14	4
November	8,7	8,1	10,5	1,0	0,45	22
Dezember	4,3	10,0	9,2	4,0	0,77	85

Bearbeitungsmöglichkeit

Inhaltlicher Bezug: tiefe Seen, Schichtung mit jahreszeitlichen Veränderungen (Winterstagnation – Frühjahrszirkulation – Sommerstagnation – Herbstzirkulation)
Messwerte aus dem Epilimnion
- Sichttiefe: beeinflusst durch Plankton (Algen!)
- Temperatur: Lufttemperatur, Zirkulation
- O_2, CO_2: Fotosynthese der Planktonalgen, Atmung
- Nitrat und Phosphat: Wachstum/Vermehrung/Zersetzung der Algen

Mobilisieren Sie Ihr Wissen über das Ökosystem See.

Klären Sie, durch welche Faktoren die Messgrößen beeinflusst werden.

- Sichttiefe: Winter > Sommer
- Sauerstoff: Spitzenwert im Mai
- Kohlenstoffdioxid: Mai bis Oktober = 0
- Nitrat: Spitzenwerte Ende des Winters, sinkende Werte während des Sommers
- Phosphat: Spitzenwert im Dezember, drastisches Absinken im Mai, dann bis November im Minimum

Suchen Sie in der Vielzahl der Messdaten nach auffallenden Werten und Trends.

Die Messwerte der Spalten drei bis sieben zeigen eine gute Korrelation zur Zunahme der Populationsdichte der Planktonalgen im Frühsommer bzw. ihrer Abnahme im Herbst und Winter.

Generalisieren Sie.

In Mitteleuropa unterliegen tiefe Seen einer Jahresrhythmik. Der Wechsel der Lufttemperaturen sorgt im Zusammenspiel mit der Dichteanomalie des Wassers für einen Wechsel von Stagnation und Zirkulation des Wasserkörpers. Dies wirkt sich auch auf die Populationsdichten der Organismen im See aus. Insbesondere die wechselnde Dichte der planktischen Grünalgen spiegelt sich in den Werten der Tabelle wider.

Beziehen Sie sich bei der Erklärung daher immer wieder auf die Populationsdichte der Algen.

Mit dem Temperaturanstieg im Frühjahr verbessern sich die Vermehrungsbedingungen der Planktonalgen. Durch die Frühjahrszirkulation des Sees werden zudem Nitrat und Phosphat aus tieferen Schichten in das Oberflächenwasser gebracht. Auch diese Tatsache begünstigt das Algenwachstum. Die intensivierte Fotosynthese im Epilimnion spiegelt sich im Sinken der CO_2-Konzentration und im Anstieg des Sauerstoffgehaltes wider. Da die Algen das Eindringen des Lichtes zunehmend behindern, verringert sich die Sichttiefe.

Das Algenwachstum führt den Sommer über zu einer Verarmung des Oberflächenwassers an Nitrat und Phosphat. Die Algen bauen Stickstoff beispielsweise in ihre Eiweiße ein. Phosphor benötigen sie u. a. für die Bildung von Nukleotiden oder ATP. Nach dem Absterben sinken sie zu Boden und werden im Tiefenwasser zersetzt. Durch die sommerliche Stagnation ist die Rückkehr der beiden Verbindungen in das Oberflächenwasser zunächst behindert. Unter anaeroben Bedingungen wird Phosphat zudem im Sediment chemisch gebunden. Erst mit Einsetzen der Herbstzirkulation erfolgt eine Durchmischung des Wasserkörpers und damit ein erneuter Abstieg des Nitrat- und Phosphatgehaltes.

Temperaturrückgang, Abnahme der Sichttiefe, aber auch die Verarmung an Nitrat und Phosphat bewirken im Spätsommer einen Rückgang der Algendichte. Die abnehmende Fotosyntheseleistung im Herbst und die Durchmischung sorgen auch für die Verschiebung des Verhältnisses der beiden Gase Sauerstoff und Kohlenstoffdioxid.

Bei der Lösung von Aufgaben zur Molekulargenetik müssen Sie unter Umständen eine tabellarische Darstellung des genetischen Codes benutzen. Diese Darstellung gibt den Zusammenhang zwischen den Codons der mRNA und den durch sie verschlüsselten Aminosäuren wieder. Im Hinblick auf das Abitur sollten Sie den Umgang mit dieser speziellen Tabelle unbedingt trainieren.
(Die ebenfalls gebräuchliche Code-Sonne ist eine nach dem gleichen Prinzip aufgebaute „Tabelle in Kreisform". Sie beginnen innen mit der ersten Base des Tripletts. Auf dem Weg nach außen erreichen Sie über die zweite und dritte Base schließlich die Aminosäure).

Genetischer Code					
Erste Base	Zweite Base				Dritte Base
5'-Ende	U	C	A	G	3'-Ende
U	Phe	Ser	Thr	Cys	U
	Phe	Ser	Thr	Cys	C
	Leu	Ser	„Stop"	„Stop"	A
	Leu	Ser	„Stop"	Try	G
C	Leu	Pro	His	Arg	U
	Leu	Pro	His	Arg	C
	Leu	Pro	Gln	Arg	A
	Leu	Pro	Gln	Arg	G
A	Ile	Thr	Asn	Ser	U
	Ile	Thr	Asn	Ser	C
	Ile	Thr	Lys	Arg	A
	Met (Start)	Thr	Lys	Arg	G
G	Val	Ala	Asp	Gly	U
	Val	Ala	Asp	Gly	C
	Val	Ala	Glu	Gly	A
	Val	Ala	Glu	Gly	G

Tab. 5: Der genetische Code in Tabellenform

Aufgabe 38 Prüfen Sie anhand der Tabelle die folgenden Aussagen:
1. Aus der Basensequenz lässt sich die Aminosäuresequenz eindeutig voraussagen.
2. Aus der Aminosäuresequenz lässt sich die Basensequenz eindeutig rekonstruieren.
3. Die dritte Base des Anticodons ist in der Wechselwirkung mit dem Codon weniger spezifisch als die ersten beiden (Wobble-Hypothese).

52 Geistige Arbeitstechniken und Lösungsstrategien

Aufgabe 39 Ubiquitin, ein vor etwa zwanzig Jahren entdecktes Protein mit 76 Aminosäuren, ist u. a. an der Steuerung des Zellzyklus, am Proteinabbau in der Zelle und an der DNA-Reparatur beteiligt.
Bei der Grünalge *Chlamydomonas* beginnt das Protein mit der folgenden Sequenz: Met – Gln – Ile – Phe – Val – ....
Geben Sie eine mögliche DNA-Basensequenz an. Äußern Sie sich zu Folgen von Basenaustausch an den Positionen 3, 6, 15 bzw. Basenverlust an Position 9.

Aufgabe 40 In mehreren Versuchsreihen zur Resorption im Säugetierdarm wurden die folgenden Ergebnisse ermittelt.

Resorption verschiedener Aminosäuren aus Gemischen der Stereoisomere im Dünndarm von Ratten						
Aminosäure	L-Methionin	D-Methionin	L-Histidin	D-Histidin	L-Lysin	D-Lysin
resorbierter Anteil in %	76	48	72	12	46	12

Resorption von Prolin im Dünndarm von Hamstern				
Aminosäure	L-Prolin allein angeboten	L-Prolin aus einem Gemisch mit		
		L-Histidin	L-Glycin	L-Methionin
resorbierter Anteil in %	100 als Vergleichsgröße festgelegt	43	80	18

1. Erläutern Sie verschiedene Möglichkeiten der Resorption im Dünndarm. Gehen Sie dabei auch auf den Zusammenhang von Struktur und Funktion des Organs ein.
2. Leiten Sie aus den beiden Tabellen Aussagen zur Resorption von Aminosäuren ab.

2.5 Modelle

Biologische Objekte, egal ob Makromoleküle, Zellen oder Ökosysteme, sind in der Regel sehr komplex. Um sie dennoch veranschaulichen und beschreiben zu können, wählt man oft nur die Aspekte aus, die im Zusammenhang mit einer bestimmten Fragestellung wichtig erscheinen. Auf diese Weise entsteht ein vereinfachtes Abbild der Wirklichkeit, ein Modell. Im Biologieunterricht haben Sie sowohl gegenständliche Modelle als auch Denkmodelle (Modellvorstellungen) zur Veranschaulichung benutzt.

Modelle erleichtern aber nicht nur das Vorstellen und Einprägen. Sie können auch zum Erklären oder Voraussagen genutzt werden. In diesem Fall sind sie nicht Anschauungsmittel, sondern „Denkmittel". In beiden Funktionen, zur Veranschaulichung und zum Erkenntnisgewinn, können Ihnen Modelle in der Abiturprüfung begegnen.

Aufgabe 41 Modelle können Strukturen oder Funktionen darstellen, vergrößern oder verkleinern, gegenständlicher oder gedanklicher Art sein. Geben Sie je ein biologisches Beispiel an.

Für dasselbe Objekt können je nach Fragestellung mehrere Modelle existieren. Aber so durchdacht es auch sein mag, jedes dieser Modelle hat seine Grenzen. Neue Befunde der biologischen Forschung können Anlass sein, ein Modell zu verändern oder zu verwerfen. Gültigkeit und Brauchbarkeit des Modells müssen daher immer wieder kritisch geprüft werden. Auch diese Forderung kann im Abitur gestellt werden.

Dieses Kapitel enthält vor allem Beispiele und Übungen zu einigen bildlichen Modelldarstellungen, die auch in der Abiturprüfung auftreten können. Beantworten Sie sich bei der Bearbeitung von Modellen folgende Fragen:
- Welche Kenntnisse habe ich über das Original?
- Kann ich aus dem Modell neue Erkenntnisse über das Original gewinnen?
- Kenne ich andere Modelle zu demselben Original?
- Welche Merkmale des Originals hebt dieses Modell besonders hervor?

Aufgabe 42

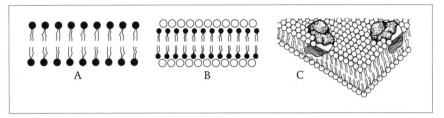

Beschreiben Sie die abgebildeten Modellvorstellungen zum Bau der Biomembran. Entscheiden Sie, welche Modelle zur Erklärung der folgenden Befunde geeignet sind.
1. Die chemischen Hauptbestandteile der Biomembranen sind Lipide und Proteine.
2. Der extrahierte Lipidanteil von Erythrozytenmembranen ergibt auf der Wasseroberfläche einen Fleck, der etwa doppelt so groß ist wie die Oberfläche der Erythrozyten.
3. Verschiedene Membranen besitzen eine unterschiedliche Permeabilität für Ionen.
4. Proteine können ihren Platz innerhalb einer Membran ändern.

Beispiel

„Gerade die Einsicht, dass der Aggressionstrieb ein echter, primär arterhaltender Instinkt ist, lässt uns seine volle Gefährlichkeit erkennen: Die Spontaneität des Instinkts ist es, die ihn so gefährlich macht. ...
Der Stau einer Instinktbewegung, der durch längeren Entzug der sie auslösenden Reize eintritt, hat aber nicht nur die beschriebene Vermehrung der Reaktionsbereitschaft zur Folge, er bewirkt viel tiefgreifendere, den Organismus als Ganzes in Mitleidenschaft ziehende Vorgänge. Schwellenerniedrigung und Appetenz-

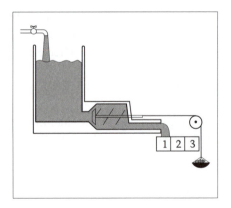

verhalten sind nun, leider muss es gesagt werden, bei wenigen instinktmäßigen Verhaltensweisen so ausgeprägt wie gerade bei denen der intraspezifischen Aggression."[1]

Erläutern Sie Lorenz' Aggressionstheorie anhand seines psychohydraulischen Instinktmodells. Beurteilen Sie das Modell kritisch. Umreißen Sie kurz weitere Aggressionstheorien.

---

1 Aus: Lorenz, K.: Das sogenannte Böse. Deutscher Taschenbuchverlag und Co. KG, München 1983

Bearbeitungsmöglichkeit

Modell	Original
Zulauf über den Wasserhahn	Anstauen von „reaktionsspezifischer Energie"
Höhe des Wasserspiegels im Behälter	Höhe der Handlungsbereitschaft
Ventil	Angeborener Auslösemechanismus (AAM)
Zuggewicht	Schlüsselreiz
Auslaufendes Wasser	Vollzug der erbkoordinierten Endhandlung

Klären Sie die Analogien zwischen Modell und Original.

- Aggression: Sammelbezeichnung für alle Elemente des Angriffs-, Verteidigungs- und Drohverhaltens
- Spontaneität: Auftreten ohne erkennbaren Auslöser
- Schwellenwert: untere Grenze der Reizqualität
- Appetenz: Suchverhalten

Klären Sie Fachtermini.

Lorenz geht in seiner Triebtheorie der Aggression davon aus, dass sich im Tier permanent eine reaktionsspezifische Energie zum Vollzug aggressiver Handlungen aufbaut (Ansteigen der Wassersäule durch Zulauf über den Hahn).
Kommt nun ein entsprechender Schlüsselreiz hinzu (Zuggewicht), etwa ein Rivale um das Territorium, so wird über einen angeborenen Auslösemechanismus (Ventil) eine erblich festgelegte aggressive Handlung vollzogen (Auslaufen des Wassers).
Je mehr Zeit seit der letzten aggressiven Handlung vergangen ist, umso mehr hat sich die Handlungsbereitschaft angestaut (hoher Wasserstand im Behälter). Bereits ein qualitativ geringer Schlüsselreiz ist zur Auslösung ausreichend. Dies würde bedeuten, Tiere, die längere Zeit nicht gekämpft haben, sind besonders aggressiv. Im Extremfall kann sich die reaktionsspezifische Energie auch ohne Schlüsselreiz in einer Leerlaufhandlung entladen.

Wenden Sie das Modell auf den Spezialfall Aggression an.

Gerade solche Leerlaufhandlungen konnten in Versuchen nicht überzeugend nachgewiesen werden. Es fehlen auch überzeugende Beweise für eine gezielte Appetenzverstärkung.
Neuere Befunde werden eher so interpretiert, dass sich Motivation und Aktivität im Allgemeinen erhöhen bzw. abbauen, nicht aber spezifisch für eine bestimmte Instinkthandlung.

Betrachten Sie nun das Modell und seine Anwendung kritisch.

Weitere Aggressionstheorien:
Frustrations-Aggressions-Theorie
Frustration, also die Störung der zielgerichteten Aktivität eines Lebewesens, führt zu aggressivem Verhalten. Aggression ist immer Folge einer vorhergegangenen Frustration. Die Stärke der Aggressionsbereitschaft ist abhängig von der Bedeutung der gestörten Aktivität, der Massivität der Störung und vorangegangenen Frustrationen.
Lerntheorie
Aggressives Verhalten entsteht ausschließlich durch Lernen. Die Verstärkung eigener aggressiver Verhaltensmuster erfolgt über Belohnung bzw. ausbleibende Bestrafung. Daneben wird am Modell gelernt, wenn beobachtete Aggression zum Erfolg führt bzw. ungeahndet bleibt.

Geben Sie für weitere Theorien die Grundannahmen an.

Aufgabe 43   Im Jahr 1961 stellte der Biologe Peter Mitchel eine Hypothese zur ATP-Bildung in Mitochondrien auf. Im Schema sind wesentliche Aspekte dieses Modells dargestellt.
Benennen Sie die gekennzeichneten Elemente des Schemas und erläutern Sie Mitchels Modellvorstellung.

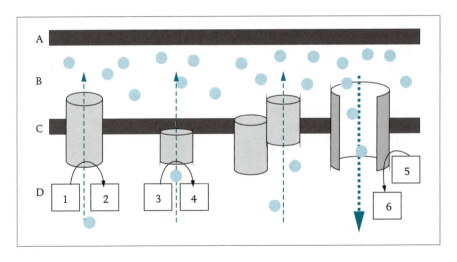

Geistige Arbeitstechniken und Lösungsstrategien | 57

Aufgabe 44 In vielen Tierarten treten verschiedene Kampfstrategien auf, die beiden Grundtypen sind Komment- und Beschädigungskampf. In einem spieltheoretischen Modell sollen die Erfolgsaussichten beider Strategien simuliert werden. Dabei sollen folgende Regeln gelten:
- Jeder Kampf bringt eine Entscheidung.
- Jedes Individuum hat Gelegenheit zu mehreren Kämpfen, wenn es nicht im Kampf getötet oder schwer geschädigt wird.
- Der Ausgang eines Kampfes hat keinen Einfluss auf den nächsten Kampf.
- Der Sieger erhält das Streitobjekt (= +50 Punkte).
- Der Verlierer eines Beschädigungskampfes wird schwer geschädigt (= –100 Punkte).
- Kommentkämpfe kosten Zeit und Energie (= –10 Punkte).

1. Stellen Sie dar, welche durchschnittliche Punktwertung ein Beschädigungs- bzw. Kommentkämpfer nach diesem Modell erhielte.
2. Beurteilen Sie die Möglichkeiten und Grenzen eines solchen Modells.

Aufgabe 45 Das folgende Modell zeigt, stark vereinfacht und idealisiert, den Ablauf eines unbedingten Reflexes.

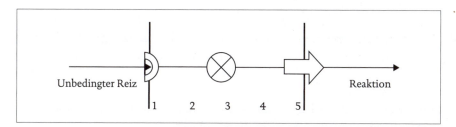

1. Benennen Sie die nummerierten Strukturen.
2. Stellen Sie die Ausbildung eines bedingten Reflexes dar.
3. Verändern Sie das Modell so, dass der Ablauf einer Instinkthandlung dargestellt wird.

Auf den Punkt gebracht

Beim Umgang mit Modellen ist Folgendes zu beachten:
- Auch das beste Modell ist nur ein Stellvertreter.
- Prüfen Sie immer wieder kritisch die Eignung des Modells.
- Trennen Sie deutlich Aussagen über das Modell von Aussagen über das Original.

2.6 Fachtexte und Zitate

Im Unterricht werden Sie hin und wieder Fachtexte gelesen haben, in denen Wissenschaftler Thesen aufstellen oder Theorien darlegen. Entsprechende Texte können auch Bestandteil einer Abituraufgabe sein. Unabhängig vom konkreten Arbeitsauftrag müssen Sie in solchen Fällen die Quelle analysieren und gedanklich verarbeiten.

- Lesen Sie den Text „quer" und verschaffen Sie sich einen Überblick über das dargestellte Thema.
- Prüfen Sie, ob Ihnen der Autor bekannt ist, und versuchen Sie die Quelle zeitlich einzuordnen.
- Kehren Sie zurück zur Aufgabe und vergewissern Sie sich über den Arbeitsauftrag.
- Lesen Sie noch einmal und markieren Sie Schlüsselbegriffe gelb (Empfehlung: nur einzelne Substantive oder kurze Wortgruppen, Textmarker).
- Unterstreichen Sie Informationen aus dem Umfeld der Schlüsselbegriffe und zu klärende Fachbegriffe rot.
- Verschaffen Sie sich Klarheit über die Bedeutung der Fachbegriffe.
- Schreiben Sie die Schlüsselbegriffe heraus. Entwickeln Sie eventuell ein Schema daraus.

Aufgabe 46 „Die deutlichste Trennlinie liegt gar nicht einmal zwischen den Pflanzen und den Tieren, sondern innerhalb der früher fast vernachlässigten Mikroorganismen – nämlich zwischen den prokaryotischen Monera und den eukaryotischen Protoctista."[2]
Entwickeln Sie ein Schema, das Goulds These visualisiert. Begründen Sie anschließend die Aussage des Evolutionsbiologen.

Aufgabe 47 Der Philosoph J. G. Herder schrieb in seinen „Ideen zur Philosophie der Geschichte der Menschheit" Ende des 18. Jahrhunderts:
„Das feinste Mittel endlich, dadurch die Natur Vielartigkeit und Bestandheit der Formen in ihren Gattungen verbindet, ist die Schöpfung und Paarung zweier Geschlechter. Wie wunderbarfein und geistig mischen sich die Züge beider Eltern in dem Angesicht und Bau ihrer Kinder. Als ob nach verschiedenen Verhältnissen ihre Seele sich in sie gegossen und die tausendfältigen Naturkräfte der Organisation sich unter dieselben verteilet hätten. Dass Krankheiten und Züge der Bildung, dass sogar Neigungen und Dispositionen sich forterben

---

[2] Aus: Margulis, L., Sagan, D.: Leben – Vom Ursprung zur Vielfalt. © Spektrum Akademischer Verlag, Heidelberg, Berlin, 1999

ist weltbekannt; ja oft kommen wunderbarerweise die Gestalten lange verstorbener Vorfahren aus dem Strom der Generationen wieder. Ebenso unläugbar, obgleich schwer zu erklären ist der Einfluss mütterlicher Gemüts- und Leibeszustände auf den Ungeborenen, dessen Wirkung manches traurige Beispiel lebenslang mit sich trägt."[3]

Übersetzen Sie die von Herder beschriebenen Phänomene in die Sprache der modernen Biologie. Geben Sie Beispiele und Erklärungen.

Beispiel

Die Fotosyntheseforschung erhielt in der zweiten Hälfte des 19. Jh. Auftrieb durch Fortschritte in der Mikroskopie. Der folgende Text stammt von dem deutschen Biologen Julius Sachs.

Beurteilen Sie die Richtigkeit der Annahmen von Sachs anhand Ihres heutigen Kenntnisstandes zur Fotosynthese. Schlagen Sie Versuche zur experimentellen Überprüfung der Hypothesen vor.

„Man kann zwei Hypothesen geltend machen; man kann einerseits annehmen, dass die im Chlorophyll sich einlagernde Stärke einfach durch Umwandlung einer in der Pflanze bereits vorhandenen organischen Substanz entstehe. (…)

Kennzeichnen Sie Schlüsselbegriffe.

Oder man könnte obige Frage dadurch beantworten, dass man annähme, es seien die grünen Chlorophyllkörner unter dem Einfluss des Lichtes im Stande, durch eine eigentümliche Tätigkeit aus unorganischen Substanzen (Kohlensäure, Wasser unter Gegenwart von mineralischen Salzen, die aus dem Boden stammen) die Stärkesubstanz zu erzeugen, die sich in ihnen selbst ablagert.

(…) wir dürfen annehmen, dass in den grünen Blättern täglich ein periodischer Wechsel stattfindet, dass am Tage in jedem Chlorophyllkorn Stärke gebildet, in der folgenden Nacht aber teilweise wieder aufgelöst wird (…) und da, wie meine Untersuchungen zeigen, mit zunehmendem Alter der Blätter, die Amylumeinschlüsse in ihrem Chlorophyll immer größer werden, so muss man schließen, dass die tägliche Neubildung stärker ist als die nächtliche Auflösung."[4]

Unterstreichen Sie die zu klärenden Fachbegriffe.

Themenkreis: Fotosynthese
Zeitliche Einordnung: 19. Jh. (vor Aufklärung der Biochemie der Fotosynthese)
Chlorophyllkorn = Chloroplast; eigentümliche Tätigkeit = Fotosynthese; Amylumeinschlüsse = Stärke

Fachsprache klären

---

3 Aus: von Sengbusch, P.: Botanik online
4 Aus: Sachs, J.: Über den Einfluss des Lichtes auf die Bildung des Amylums in den Chlorophyllkörnern. Botan. Zeitung, 22. Jg., Nr. 44

60 ❦ Geistige Arbeitstechniken und Lösungsstrategien

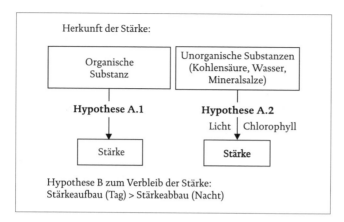

Visualisieren Sie die Aussagen von Sachs.

Sachs beobachtete bei seinen mikroskopischen Untersuchungen Stärkeeinschlüsse in Chloroplasten.
Zur Frage ihrer Entstehung (A) stellte er zwei Hypothesen auf:
1. Stärke wird aus einem anderen organischen Stoff gebildet, der in der Pflanze bereits vorhanden war.
2. Stärke entsteht in den Chloroplasten unter dem Einfluss des Lichts und unter Beteiligung des Chlorophyll aus Kohlenstoffdioxid und Wasser.

Biochemische Untersuchungen im 20. Jh. haben die zweite Hypothese bestätigt. In der lichtabhängigen Phase der Fotosynthese werden, ausgehend von der Fotolyse des Wassers, ATP und Reduktionsäquivalente (NADPH+H+) bereitgestellt. In der lichtunabhängigen Phase wird Kohlenstoffdioxid an einen Akzeptor gebunden und daraus in einem Kreisprozess (Calvin-Zyklus) Glucose gewonnen. Aus der Glucose entsteht noch im Chloroplasten Assimilationsstärke.
Die von Sachs erwähnten Mineralsalze aus dem Boden sind an diesem Prozess nicht als Reaktionspartner beteiligt. Indirekt nehmen sie aber als Kofaktoren von Enzymen, in Redoxsystemen oder im Chlorophyll, Einfluss.
Eine weitere Hypothese (B) von Sachs richtet sich auf die Verwendung der Assimilationsstärke. Er vermutet richtigerweise, dass das Polysaccharid wieder aufgelöst wird. In löslicher Form gelangen Kohlenhydrate auch in die nicht fotosynthetisch aktiven Teile der Pflanze. Sie bilden die stoffliche Grundlage für den Aufbau anderer organischer Substanzen, aber auch für die Dissimilation.
Da nachts keine Assimilationsstärke gebildet wird, ist der Stärkeabbau nach Dunkelperioden besonders augenfällig. Sachs beobachtet eine Größenzunahme der Stärkekörner und leitet daraus ein Übergewicht der Assimilation ab. Diese Beobachtung kann man als Folge einer positiven Nettofotosynthese deuten.

Stellen Sie die Hypothesen gegenüber. Beurteilen Sie nun die Hypothesen.

Geben Sie hier nicht die gesamte Biochemie der Fotosynthese wieder. Beschränken Sie sich auf Fakten, die zur Beurteilung der Hypothesen notwendig sind.

Eine experimentelle Überprüfung der Hypothesen wäre heute mithilfe radioaktiver Markierung möglich. Dazu bietet man Pflanzen, Zellen oder zellfreien Systemen Ausgangsstoffe an, in denen ein Element als radioaktives Isotop vorliegt (z. B. ^{18}O oder ^{14}C). Zu verschiedenen Zeiten unterbricht man das Stoffwechselgeschehen und trennt die Verbindungen chromatografisch voneinander. Bei ihrem Zerfall senden die Isotope Strahlung aus, die messbar oder fotografisch darstellbar ist. Verbindungen, in die das Isotop eingebaut wurde, sind so identifizierbar. So kann man den Weg der Elemente durch die Stoffwechselreaktionen verfolgen.

Schlagen Sie zum Abschluss eine Methode zur experimentellen Prüfung vor.

Aufgabe 48 „Bakterien handeln mit größerer Leidenschaft Gene als die Makler der Frankfurter Börse ihre Aktien. Der Austausch genetischer Information durch Bakterien schafft die Basis für das Verständnis neuer Evolutionskonzepte. (...) Stellen wir uns vor, Sie treffen in einem Café einen grünhaarigen Menschen. Bei diesem kurzen Zusammentreffen nehmen Sie den Teil seiner Erbinformation in sich auf, der für die grünen Haare codiert, vielleicht auch noch einige weitere neue Eigenschaften. Sie können jetzt nicht nur die Gene für grüne Haare an Ihre Kinder vererben, sondern verlassen selbst das Café mit grünen Haaren. Bakterien erlauben sich diese Art eines schnellen, zufälligen Generwerbs zu jeder Zeit. Sie lassen es einfach zu, dass sich ihre Gene in die umgebende Flüssigkeit ausbreiten. Nach der gängigen Definition ist unter einer Art eine Gruppe von Organismen zu verstehen, die sich nur untereinander kreuzen. Wendet man diese Definition auf Bakterien an, dann gehören alle Bakterien weltweit zu einer einzigen Art. Auf der Erde des Archaikums herrschte ein wildes Durcheinander mit ungeheurem Wachstum, und Gene wurden häufig übertragen."[5]
1. Beschreiben Sie den beschriebenen horizontalen Gentransfer bei Bakterien.
2. Erläutern Sie die evolutionäre Bedeutung und aktuelle Konsequenzen dieses Gentransfers.

Aufgabe 49 „Unter Fortpflanzung verstehen wir die Vermittlung des Lebensgeschehens von Generation zu Generation. Ganz allgemein gilt: Grundlage jeder Fortpflanzung ist die Zellteilung. Durch den Teilungsmechanismus ist die geregelte Weitergabe der Chromosomen und damit des in ihnen enthaltenen genetischen Materials der DNS gesichert. (...)
Nachkommen erhalten also Bau- und Funktionsinformation von ihren Vorfahren übermittelt. Das bezieht sich demnach auf verschiedene Fortpflanzungsformen, die wir im Tierreich kennen. Damit wird auch deutlich, dass Fortpflanzung und Sexualität unabhängige Erscheinungen darstellen, die in be-

---

5 Aus: Margulis, L., Sagan, D.: Leben – Vom Ursprung zur Vielfalt. © Spektrum Akademischer Verlag, Heidelberg, Berlin 1999

stimmten Fällen (geschlechtliche Fortpflanzung) miteinander gekoppelt sind. Grundsätzlich kann der Fortpflanzungsvorgang von einzelnen Zellen (monozytogen) oder von mehrzelligen Fortpflanzungskörpern (polyzytogen) ausgehen. Diese Form ist zwar auch nicht an sexuelle Vorgänge gebunden, im Gegensatz zur asexuellen Fortpflanzung der Einzeller durch Teilung sollte man sie jedoch als vegetative Fortpflanzung in der Definition deutlich abtrennen."[6]

1. Entwickeln Sie auf der Grundlage des Textes ein Schema zu Fortpflanzungsformen bei Eukaryoten.
2. Beschreiben Sie, was unter „geregelter Weitergabe der Chromosomen" zu verstehen ist.
3. Erläutern Sie an einem Beispiel die Folgen von Störungen.

2.7 Probleme erörtern

Probleme begegnen Ihnen im Abitur in ganz unterschiedlicher Gestalt: Sie erhalten ein Diagramm, dessen Interpretation nicht sofort augenfällig ist. Sie sollen ein Phänomen erklären, von dem Sie zum ersten Mal lesen. Sie sollen entscheiden, ob Methode X zur Klärung von Frage Y geeignet ist.

Man kann Probleme verschiedenen Typen zuordnen. Sie unterscheiden sich, vereinfacht gesagt, durch die Lücke, die es zu schließen gilt: Ursachen-, Voraussage-, Methoden- und eben auch Interpretationsprobleme. Je nach Problemtyp und Arbeitsauftrag unterscheiden sich die Lösungsstrategien.

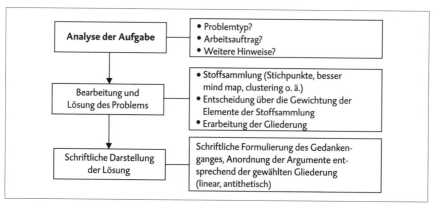

Abb. 2: Überblick über die Vorgehensweise bei der Erörterung von Hypothesen und Theorien

Beachten Sie auch die Hinweise auf den Seiten 12 und 13 dieses Buches zur Gliederung und Darstellung ihrer Lösungen. Hier soll nun eine Möglichkeit Ihres Vorgehens an einem biologischen Beispiel demonstriert werden.

---

6 Aus: Nitschmann, J.: Entwicklung bei Mensch und Tier (Embryologie). © Akademie Verlag, Berlin 1976

Geistige Arbeitstechniken und Lösungsstrategien / 63

Beispiel In den vergangenen Jahrzehnten hat in der Verhaltensbiologie ein Paradigmenwechsel in der Interpretation tierlichen Verhaltens stattgefunden.
Analysieren Sie den nachfolgenden Text. Erörtern Sie die unterschiedlichen Grundauffassungen an Beispielen aus verschiedenen Bereichen des Sozialverhaltens.

„Der entscheidende Impuls für die Formulierung der Soziobiologie entstammte der Einsicht, dass – obwohl die natürliche Selektion an der Variabilität der Merkmalsträger („Phänotypen") ansetzt – die Ebene biologischer Anpassungsvorgänge die der Gene ist und nicht etwa die der Individuen oder gar der Populationen oder Arten. Damit stellt sich die Evolution als ein genzentriertes Prinzip dar, ein Umstand, der zu der populären, aber leider missverständlichen Floskel vom „egoistischen Gen" geführt hat.
Vor diesem Hintergrund werden bislang unverstandene Verhaltenstendenzen wie beispielsweise gewisse Erscheinungsformen des phänotypischen Altruismus erklärbar. Gemeint werden damit Verhaltensweisen, die mit Nachteilen für die persönlichen Lebens- und Reproduktionschancen verbunden sind, gleichzeitig aber die Fortpflanzung anderer fördern. Das sind Verhaltensweisen, deren evolutive Entstehung man in der traditionellen Verhaltensforschung mit der Wirkweise einer vermuteten Gruppenselektion erklärt hat. Man nahm an, dass eine persönliche Selbstbeschränkung zugunsten der Population oder der Art in der natürlichen Selektion Bestand hätte, weil es in der Evolution letztlich um den biologischen Erfolg bzw. Misserfolg miteinander konkurrierender Gruppen ginge. Bei genauerer Betrachtung stellt sich allerdings heraus, dass eine Selbstaufopferung zugunsten der Fortpflanzung anderer unter bestimmten verwandtschaftlichen und ökologischen Voraussetzungen durchaus als biologische Angepasstheit im „egoistischen" Vermehrungsinteresse der „eigenen" Gene verstanden werden kann."[7]

Bearbeitungsmöglichkeit

Problem: Interpretation tierlichen Verhaltens/Paradigmenwechsel (!)
Arbeitsauftrag: Erörterung eines Interpretationsproblems
Weitere Hinweise: Beispiele aus verschiedenen Bereichen des Sozialverhaltens

Analysieren Sie die Aufgabe.

Traditionelle Verhaltensforschung	Soziobiologie
Gruppenselektion als Evolutionsmechanismus	Individualselektion + Verwandtenselektion (ähnliche Genotypen!) als Evolutionsmechanismus
Populationen und Arten konkurrieren miteinander	Gene und ihre Träger konkurrieren miteinander
Altruismus im Dienste des Prinzips „Artwohl"	Phänotypischer Altruismus im Dienste des Prinzips „Genegoismus"

Analysieren Sie den Text.

[7] Aus: Volland, E.: Grundriss der Soziobiologie. Gustav Fischer Verlag, 1993 (gekürzt)
© Spektrum Akademischer Verlag, Heidelberg, Berlin (neueste Aufl. 2001)

- Replikatoren: Vermehrungseinheiten (= Gene)
- Paradigma: umfassendes Erklärungsmodell
- Phänotyp: Gesamtheit der Merkmale eines Organismus
- Altruismus: uneigennütziges Verhalten
- genealogisch: die Abstammung betreffend

Klären Sie die Fachbegriffe.

Veranschaulichen Sie sich den Umfang des Themas in einer Stoffsammlung.

1 Einleitung
2 Haupteil
2.1 Grundsätzliche Auffassungen
2.2 Kampfstrategien
2.2.1 traditionelle Interpretation
2.2.2 soziobiologische Interpretation
2.3 Altruismus (Beispiel „Helfer am Nest")
2.3.1 traditionelle Interpretation
2.3.2 soziobiologische Interpretation
2.4 Infantizid (Beispiel Löwen)
2.4.1 traditionelle Interpretation
2.4.2 soziobiologische Interpretation
3 Schluss

Erarbeiten Sie eine Gliederung. Berücksichtigen Sie bei der Wahl der Beispiele zwei Aspekte:
- Wie geeignet ist das Beispiel zur Charakterisierung der verschiedenen Grundauffassungen?
- Wie viele Fakten sind mir bekannt?

1 Erforschung tierlichen Verhaltens:
- Mechanismen; Auslöser und Handlungsbereitschaft als proximate Ursache
- Selektionswert als ultimate Ursache

2.1 Ultimate Ursachen:
- Klassische Ethologie (Lorenz, Tinbergen, …): Arterhaltung (Gruppenselektion)
- Soziobiologie: Maximierung der reproduktiven Gesamtfitness des Individuums (Individualselektion)

Gehen Sie nun an die Umsetzung ihres Entwurfs. Achten Sie dabei auf die Einhaltung Ihrer Gliederung.

2.2 **Beispiel 1 „Kampfstrategien"** (z. B. Rothirsche – Beschädigungskampf und Kommentkampf):
- Ethologie: Kommentkämpfe (Ritualisierung) als Beitrag zur Arterhaltung
- Soziobiologie: Evolutionsstabile Strategie; abhängig vom „Streitwert"; frequenzabhängige Selektion; spieltheoretische Modelle

2.3 **Beispiel 2 „Altruismus in der Brutpflege"** (z. B. Graufischer – kooperative Brutpflege):
- Ethologie: Helfer erhöht Überlebenschancen von Artgenossen
- Soziobiologie: Helfer gewinnt indirekte Fitness (Weitergabe der eigenen Gene in jüngeren Geschwistern; Verwandtenselektion; phänotypischer Altruismus als genetischer Egoismus)

2.4 **Beispiel 3 „Infantizid"** (z. B. Löwen – Infantizid bei Wechsel des Rudelchefs):
- Ethologie: Entartung des Verhaltens
- Soziobiologie: Tötung der Kinder des Vorgängers erhöht eigene Fitness

3 **Fazit:** Konkurrenz am stärksten unter Artgenossen in der unmittelbaren Umgebung – genetisch fixiertes Verhalten setzt sich durch, wenn es die Reproduktionschancen seines Trägers in dieser Auseinandersetzung erhöht. Soziobiologische Interpretation des Sozialverhaltens berücksichtigt Prinzipien der Evolution konsequenter.

Arbeiten Sie nun für die geforderte Erörterung die unterschiedlichen Beispiele aus verschiedenen Bereichen des Sozialverhaltens aus. Auf ein ausformuliertes Lösungsbeispiel soll hier verzichtet werden, stattdessen geben die Stichpunkte einen möglichen Gedankengang wieder.

Aufgabe 50 Die folgenden drei Thesen von Biologen sind schon einige Jahrzehnte alt. Prüfen Sie in allen drei Fällen, ob die Aussagen so heute noch haltbar sind.

Fertigen Sie jeweils eine Stoffsammlung an und erarbeiten Sie Gliederungen.
1. „Die Zelle ist ein Klümpchen Protoplasma, in dessen Innerem ein Kern liegt." Max Schulze (1861)
2. „Was für *E. coli* stimmt, stimmt auch für den Elefanten." Francoise Jacob (in Bezug auf Vorgänge der Molekulargenetik)
3. „Zu einem großen Teil ist die Biosphäre umgewandelte Sonnenenergie." Vladimir Vernadsky

Auf den Punkt gebracht
Eine gute Gliederung ist Voraussetzung für den Erfolg einer Erörterung.
- Gliedern Sie Ihre Ausführungen nach ausgewählten Aspekten.
- Stellen Sie an den Beginn größerer Abschnitte eine These, die sich auf das Problem bezieht.
- Begründen Sie die These durch Textbezug, weitere Beispiele, Bezug auf Gesetze usw.

3 Materialien erstellen

3.1 Schematische Übersichten

Statt in einem umfangreichen Text können Zusammenhänge auch in einer schematischen Übersicht dargestellt werden.

Die Anlage eines Schemas ist eine gute Methode, um Lernstoff zu strukturieren. Mit der knappen und geordneten Form einer schematischen Darstellung schaffen Sie sich ein gedankliches Grundgerüst, in das Sie später weitere Details einbauen können. Besonders gut geeignet ist diese Form der Aufbereitung für optische Lerntypen. Sie erzeugen mit dem Schema quasi ein Bild, das sie nachhaltiger speichern als den zugrunde liegenden Text. Wie man Begriffssysteme schematisch darstellt, können Sie auf den Seiten 19 ff. nachlesen und üben.

Eine schematische Übersicht anzufertigen kann aber auch Gegenstand einer Abituraufgabe sein. In diesem Unterkapitel finden Sie Hinweise, Aufgaben und Lösungsbeispiele zu
- Pfeilschemata
- Stammbaumschemata
- Kreuzungsschemata

Pfeilschema

Ein Pfeilschema ist geeignet, den Verlauf von Prozessen oder Wechselwirkungen zwischen den Elementen eines Systems wiederzugeben. Die einzelnen Elemente oder Entwicklungsphasen werden dabei möglichst knapp dargestellt. Die Pfeile zwischen ihnen stehen für zeitliche Entwicklungen oder Ursache-Wirkungs-Beziehungen.

Aufgabe 51 Prüfen Sie, ob das folgende Schema den Informationsfluss vom Gen zum Merkmal optimal wiedergibt. Entwickeln Sie gegebenenfalls ein eigenes Schema.

Wenn Sie auf der Basis eines Textes ein Pfeilschema entwickeln sollen, beachten Sie die folgenden Hinweise:
- Verschaffen Sie sich zunächst Klarheit über den Zweck des Schemas.
- Lesen Sie den Text im Überblick.

- Lesen Sie noch einmal und markieren Sie Schlüsselbegriffe als Elemente Ihres späteren Schemas. Beschränken Sie sich beim Markieren möglichst auf einzelne Substantive.
- Fertigen Sie einen Entwurf Ihres Schemas an, indem Sie die markierten Begriffe auf einer leeren Seite sinnvoll anordnen.
- Verbinden Sie die Elemente Ihres Schemas mit Pfeilen. Existieren qualitativ verschiedene Beziehungen, können Sie unterschiedliche Farben oder Stricharten verwenden. (Aber vergessen Sie dann nicht die Legende, um die verwendeten Symbole und Farben eindeutig zu definieren.)
- Überprüfen Sie Vollständigkeit und Übersichtlichkeit. Ordnen Sie gegebenenfalls einige Begriffe neu an.
- Übertragen Sie Ihr Schema in die Reinschrift.

Beispiel

Entwickeln Sie auf der Grundlage des folgenden Textes eine schematische Übersicht zu den Beziehungen der Organismen im Waldboden und erläutern Sie daran die Rolle der drei funktionellen Gruppen eines Ökosystems.

Bearbeitungsmöglichkeit

„In der Erde lebt eine unübersehbare Fülle von Organismen, die in vielfältigen Beziehungen miteinander verzahnt sind. Alle sind direkt oder indirekt in die Zersetzungsprozesse des Bestandsabfalls eingegliedert. Die Grobzerkleinerung herabgefallener Blätter besorgen in erster Linie Regenwürmer.
Ein gut belebter und funktionstüchtiger Waldboden ist von vielen feinen und feinsten Kanälchen durchzogen und kann bis auf 2/3 seines Volumens zusammengedrückt werden. Dieses Lückensystem ist wichtig für Bodenbewohner, die sehr klein sind und selbst nicht graben. In den luftgefüllten Poren finden sich vorwiegend Springschwänze, und zwar 50 000 und mehr auf einem Quadratmeter. Es sind flügellose, luftatmende Urinsekten, die den Kot von Regenwürmern aber auch Falllaub fressen. Insbesondere begünstigen sie die für die Humusbildung verantwortlichen Bodenbakterien, nicht nur durch ihre Ausscheidung, sondern auch durch das Abweiden von Pilzen. Pilze allein verwandeln die Bodenstreu in den für Waldbäume wenig brauchbaren Rohhumus. Ein mit vielen Raubinsekten belebter Boden sorgt auch dafür, dass es nicht zu einer Massenvermehrung der Laubfresser in den Bäumen kommt. Denn einige Insekten, die sich von Nadeln oder Blättern ernähren, verbringen irgendein Stadium ihrer Entwicklung im Boden."[8]

Es wird ein Schema von Ihnen erwartet, das die Beziehungen der genannten Organismen darstellt.
Markieren Sie also zunächst alle Arten und Gruppen im Text und schreiben Sie ihre Bezeichnungen heraus.

---

8 Aus: Deckert, G.: Tiere-Pflanzen-Landschaften. Urania Verlag Leipzig, Jena, Berlin 1988 (verändert)

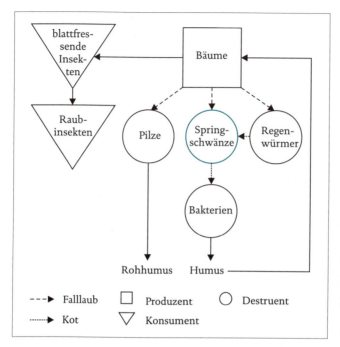

Ordnen Sie die Organismen übersichtlich an. Da die Springschwänze besonders herausgehoben sind, sollten sie im Schema einen zentralen Platz einnehmen. Die verschiedenen Wege des Abbaus der Biomasse werden parallel dargestellt. Nun müssen Sie die beschriebene Nahrungskette eintragen. Sie können die Übersichtlichkeit erhöhen, indem Sie die Namen einrahmen. Im 2. Teil der Aufgabe sollen die Organismen den funktionellen Gruppen zugeordnet werden. Benutzen Sie im Schema also eine entsprechende Symbolik und definieren Sie diese in der Legende eindeutig.

Erläuterung: Produzenten, Konsumenten und Destruenten bilden funktionelle Gruppen innerhalb von Ökosystemen. Durch ihr Zusammenwirken entstehen Stoffkreisläufe.

Produzenten sind durch die Fähigkeit gekennzeichnet, aus anorganischen Stoffen organische herzustellen. Pflanzen sind die wichtigsten Produzenten. Durch Fotosynthese binden sie zeitweise Energie des Sonnenlichts im Ökosystem. Daneben gehören auch chemosynthetisierende Bakterien zu den Produzenten. Stofflich basiert das gesamte Ökosystem auf der Primärproduktion der Produzenten. Im vorliegenden Fall vertreten die Bäume diese Gruppe.

Von den **Konsumenten** werden diese organischen Stoffe aufgenommen und für ihre heterotrophe Assimilation genutzt. Innerhalb dieser Gruppe kann man noch einmal verschiedene Ebenen unterscheiden. An zweiter Stelle der Nahrungsketten stehen herbivore Primärkonsumenten (hier blattfressende Insekten). Darauf folgt eine unterschiedliche Zahl carnivorer Formen (hier Raubinsekten im Boden) bis hin zu den Spitzen- oder Finalkonsumenten, die keine natürlichen Fressfeinde haben. Die Zahl der Konsumentenebenen ist durch die Tatsache begrenzt, dass organische Stoffe durch Dissimilation wieder abgebaut werden. Von einer Stufe der Nahrungspyramide zur nächsten werden so nur etwa zehn Prozent der Energie weitergegeben.

Benennen Sie zunächst allgemein die drei Gruppen.

Charakterisieren Sie jede der drei Gruppen und stellen Sie den Bezug zum Beispiel her.

Die Stoffkreisläufe werden durch **Destruenten** geschlossen. Gemeinsames Merkmal dieser Gruppe ist ihr Beitrag zur Remineralisation, d. h. zur Umwandlung organischer Substanz aus abgestorbenen Organismen in anorganische Stoffe. Destruenten im Waldboden bilden ein Netz mit vielfältigen Wechselbeziehungen. Regenwürmer und Springschwänze mineralisieren organische Substanz (Falllaub) noch nicht vollständig. (Man könnte sie daher, je nach Blickwinkel, auch als Konsumenten betrachten.) Erst durch die Tätigkeit der Bakterien und Pilze werden die einzelnen Elemente wieder pflanzenverfügbar.

Aufgabe 52 Pflanzen haben verschiedene Strategien entwickelt, um sich vor blattfressenden Insekten zu schützen. Einige Arten geben beispielsweise chemische Signale (Infomone) ab. So bilden Maispflanzen hochaktive Duftstoffe, wenn sie von Schmetterlingslarven befallen werden.
In Laborversuchen konnte gezeigt werden, dass diese Terpene auf einige Arten von Schlupfwespen ausgesprochen attraktiv wirken. Schlupfwespen legen ihre Eier in die Larven anderer Insekten. Nachdem die Wespenlarven geschlüpft sind, ernähren sie sich von ihren Wirtsorganismen und töten sie dadurch schließlich.
Stellen Sie den Mechanismus des Fraßschutzes schematisch dar und charakterisieren Sie die Wechselwirkungen zwischen den drei genannten Arten.

Aufgabe 53 Bei der Mehlmotte *(Ephestia kuehniella)* sind die Augen durch den Farbstoff Ommochrom braun pigmentiert. Die Tiere synthetisieren diesen Farbstoff aus der Aminosäure Tryptophan über die Zwischenstufe Kynurenin. Ein Mutantenstamm kann den Farbstoff nicht herstellen und hat daher rote Augen. Füttert man diese Tiere mit Kynurenin, färben sich ihre Augen braun.
Stellen Sie die genetische Kontrolle der normalen Stoffwechselkette schematisch dar und leiten Sie Schlussfolgerungen zur beschriebenen Mutation ab.

Bei den bis hierher beschriebenen Beispielen sollten Sie selbst eine geeignete Form der schematischen Darstellung wählen. Je nach Kreativität werden Sie dies als Vor- oder Nachteil empfunden haben. Für einige Sachverhalte und Zusammenhänge existieren allerdings Übereinkünfte hinsichtlich der Darstellungsform. Hier gilt es Regeln einzuhalten. Am Beispiel von Kreuzungs- und Stammbaumschemata können Sie dies in den folgenden Aufgaben üben.

Kreuzungsschemata

Erbgänge können sehr unterschiedlich gestaltet sein. Vor dem Erstellen eines Kreuzungsschemas müssen Sie daher dem Aufgabentext einige Informationen entnehmen.
- Anzahl der betrachteten Merkmale: monohybrid oder dihybrid.
- Lokalisation der verantwortlichen Gene: autosomal oder gonosomal, gekoppelt oder frei kombinierbar.
- Art des Erbgangs: monogen oder polygen, dominant-rezessiv oder intermediär.

Für Ihr Schema können Sie selbst definieren, durch welche Symbole Sie die einzelnen Allele darstellen. Wählen Sie die Buchstaben so, dass sie auch in Ihrer Handschrift gut unterscheidbar sind. Die folgenden Regeln haben sich als gut handhabbar erwiesen.
- Bei dominant-rezessivem Erbgang: derselbe Buchstabe für beide Allele (Großbuchstabe = dominantes Allel, Kleinbuchstabe = rezessives Allel).
- Bei intermediärer Vererbung: zwei unterschiedliche Kleinbuchstaben.
- Bei gonosomalen Erbgängen: Symbol des Chromosoms (X oder Y) mit Symbol des Allels als Index (z. B. X_A).

Ihr Schema beginnt mit dem Phänotyp der ersten zu betrachtenden Generation (nach dem lateinischen Wort parentes = Eltern meist als P-Generation bezeichnet).

Geben Sie danach den Genotyp der **diploiden Körperzellen** und der **haploiden Keimzellen** an. Durch Kombination der Allele der Keimzellen erhalten Sie die möglichen Genotypen für die folgende Generation (F-Generation, nach lat. filia = Tochter). Besonders bei dihybriden Erbgängen empfiehlt sich dabei die Anlage eines Kombinationsquadrats.

Beachten Sie schließlich bei der Auswertung des Schemas, was Sie auf den Seiten 23 ff. über statistische Gesetze gelernt haben: Die Zahlenverhältnisse geben für den Einzelfall nur Wahrscheinlichkeiten an.

Aufgabe 54 Kreuzt man zwei Sorten des Löwenmäulchens mit radiärsymmetrischen bzw. bilateral-symmetrischen Blüten, so blüht die Nachkommenschaft einheitlich bilateral. Aus einer Kreuzung dieser F_1-Pflanzen untereinander erhält man 91 Pflanzen mit bilateralsymmetrischen und 36 mit radiären Blüten.
Stellen Sie die beschriebenen Erbgänge schematisch dar.

Geistige Arbeitstechniken und Lösungsstrategien | 71

Beispiel   Die Ausbildung der orangen Blütenfarbe einer Pflanzenart wird durch zwei Gene gesteuert. Die dominanten Allele bewirken jeweils die Bildung eines funktionsfähigen, die rezessiven dagegen die Entstehung eines nicht funktionsfähigen Enzyms. Pflanzen, die mindestens ein dominantes Allel beider Gene besitzen, blühen orange. Beide Gene sind auf unterschiedlichen Chromosomen lokalisiert.
Zur Bildung des Blütenfarbstoffes wurden drei Hypothesen aufgestellt:

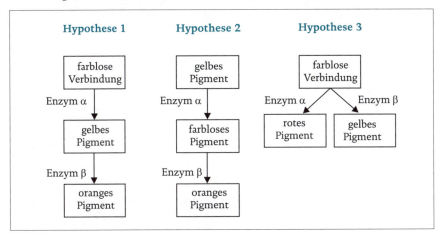

Durch Kreuzung mischerbiger Pflanzen soll der tatsächliche Mechanismus der Entstehung der orangen Blütenfarbe ermittelt werden.
Entwickeln Sie ein Kreuzungsschema und werten Sie es entsprechend der Hypothesen 1 bis 3 aus.

Bearbeitungsmöglichkeit

Bezeichnung der Allele:
A = Enzym α   a = kein Enzym α
B = Enzym β   b = kein Enzym β

Definieren Sie die Symbole.

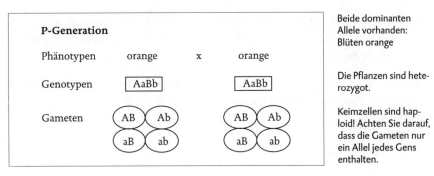

Beide dominanten Allele vorhanden: Blüten orange

Die Pflanzen sind heterozygot.

Keimzellen sind haploid! Achten Sie darauf, dass die Gameten nur ein Allel jedes Gens enthalten.

F₁-Generation

Genotypen	AB	Ab	aB	ab
AB	AABB	AABb	AaBB	AaBb
Ab	AABb	AAbb	AaBb	Aabb
aB	AaBB	AaBb	aaBB	aaBb
ab	AaBb	Aabb	aaBb	aabb

Phänotyp	Hypothese 1	Hypothese 2	Hypothese 3
Orange	9	9	9
Gelb	3	4	3
Weiß	4	3	1
Rot	–	–	3

Sie müssen das Kombinationsquadrat nach jeder der drei Hypothesen auszählen. In einer Tabelle können Sie die Ergebnisse übersichtlich zusammenstellen.

Hypothese 1 und 2 gehen davon aus, dass bei der Vererbung der Blütenfarbe komplementäre Polygenie vorliegt. Überwiegen die weißblühenden Pflanzen gegenüber den gelben, bestätigt dies Hypothese 1.
Bei umgekehrtem Verhältnis trifft Hypothese 2 zu. Der Unterschied rührt daher, dass die für beide Gene rezessiven Nachkommen unterschiedliche Blütenfarbe zeigen. Diese Schlussfolgerungen sind natürlich nur bei einer hinreichend großen Stichprobe zulässig.
Hypothese 3 setzt einen dihybriden Erbgang voraus, bei dem zwei Farbstoffe unabhängig voneinander gebildet werden. Diese Vermutung würde durch das Auftreten rot blühender Pflanzen erhärtet.

Fassen Sie Ihre Ergebnisse kurz zusammen. Beziehen Sie sich dabei auf die Ausgangsfragestellung.

Aufgabe 55 Bei Hühnern wird die Form des Kamms durch zwei Gene gesteuert, die auf verschiedenen Chromosomen liegen. Zwischen Phänotyp und Genotyp bestehen folgende Beziehungen:

Zeigen Sie mithilfe eines Kreuzungsschemas, mit welcher Wahrscheinlichkeit man bei der Kreuzung zweier heterozygoter Tiere Nachkommen mit Rosenkamm erhält.

Geistige Arbeitstechniken und Lösungsstrategien | 73

Phänotyp:	Walnusskamm	Rosenkamm	Erbsenkamm	Normalkamm
Genotyp:	A?B?	aaB?	A?bb	aabb

Stammbaumschemata

In der Humangenetik erfolgt die Aufklärung von Erbgängen aus ethischen Gründen nicht experimentell. Durch Recherchen über die Verbreitung eines Merkmals innerhalb einer Familiengruppe erhält man Stammbäume. Deren Auswertung ermöglicht Rückschlüsse über die Art des Erbgangs. Stammbaumanalysen können auch Grundlage für humangenetische Beratung sein.

Die Analyse eines vorgegebenen oder selbst zu entwickelnden Stammbaumschemas ist ein gebräuchlicher Aufgabentyp im Abitur.

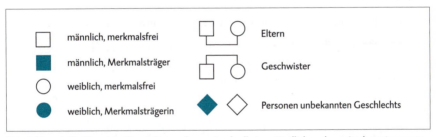

Abb. 3: Zum Aufstellen eines Stammbaumschemas (und selbstverständlich auch zur Analyse einer vorgegebenen Darstellung) müssen Sie diese Symbolik beherrschen

Heterozygote Personen sind bei rezessivem Erbgang merkmalsfrei, können aber das entsprechende Allel übertragen. Sie werden z. B. bei gonosomalen Erbgängen durch einen schwarzen Punkt im Symbol gekennzeichnet.

Aufgabe 56 Stellen Sie die folgenden Fälle schematisch dar. Leiten Sie Schlussfolgerungen zu den Erbgängen und Genotypen der Personen ab.
- Fall 1: Zwei Merkmalsträger haben eine merkmalsfreie Tochter.
- Fall 2: Von den drei Kindern eines Elternpaares ist eine Tochter Merkmalsträgerin, die beiden Geschwister sind es nicht. Die Eltern zeigen das Merkmal nicht, der Vater der Frau ist Merkmalsträger.

Aufgabe 57

Beim Menschen liegen auf dem X-Chromosom u. a. Gene, deren Produkte für eine normale Blutgerinnung bzw. für das vollständige Farbsehen benötigt werden. Rezessive Mutationen dieser Gene sind verantwortlich für Hämophilie A bzw. den Daltonismus (Rot-Grün-Schwäche).

In Bezug auf diese Gene wurde im Jahr 1938 von Rath ein besonderer Fall beschrieben:

Eine Frau hatte vier Söhne mit den Merkmalskombinationen Bluter/farbtüchtig, normale Blutgerinnung/rot-grün-blind, normale Blutgerinnung/farbtüchtig, Bluter/rot-grün-blind. Die Frau, ihr Ehemann sowie ihre Mutter waren farbtüchtig und verfügten über eine normale Blutgerinnung. Ihr Vater war dagegen Bluter und rot-grün-blind.

1. Stellen Sie den Erbgang in einem Stammbaumschema dar.
2. Begründen Sie die Genotypen der Personen.
3. Erklären Sie, inwiefern es sich hierbei um einen außergewöhnlichen Fall handelt.

Auf den Punkt gebracht

Ein gutes Schema entsteht selten in einem Zug. Es muss schrittweise erarbeitet werden.

- Fertigen Sie einen Entwurf an.
- Vermeiden Sie Textpassagen, arbeiten Sie möglichst mit Einzelbegriffen.
- Achten Sie bei Kausalketten auf Vollständigkeit.

3.2 Skizzen

Zu den Fertigkeiten, die Sie im Biologieunterricht erwerben sollen, gehört auch das Skizzieren und Zeichnen von Objekten aus der belebten Natur. Über das Zeichnen im Zusammenhang mit dem Mikroskopieren können Sie im Abschnitt „Geistig-praktische Arbeitstechniken und Lösungsstrategien" mehr erfahren. Hier finden Sie zunächst einige Hinweise zur Anlage von Skizzen.

Wenn Sie im Abitur beispielsweise aufgefordert werden, den Bau einer Pflanzenzelle zu skizzieren, müssen Sie Wissen **und** Können nachweisen. Zunächst einmal müssen Sie selbstverständlich die Strukturen kennen, die Sie darstellen wollen. Daneben ist aber auch die Qualität der zeichnerischen Umsetzung Ihres Wissens Gegenstand der Bewertung. Beachten Sie daher die folgenden Regeln:

- Fertigen Sie die Skizzen möglichst auf unliniertem Papier an.
- Benutzen Sie einen Bleistift. Im Gegensatz zum mikroskopischen Zeichnen ist die Verwendung von Farben nicht grundsätzlich verboten, sollte aber gut durchdacht sein.
- Skizzieren Sie mit klaren, sauberen Linien und in ausreichender Größe (eine halbe DIN A4-Seite ist in der Regel angemessen).
- Skizzen sind Modelle. Größenverhältnisse, Formen usw. dürfen verändert werden, wenn sich dadurch die Aussagekraft der Skizze erhöht.
- Geben Sie Ihrer Skizze einen Titel mit Bezug zur Aufgabenstellung.
- Beschriften Sie Ihre Skizze exakt und übersichtlich. (Bei der Beschriftung sollten einzelne Worte und Fachbegriffe den Vorrang haben. Sind dennoch umfangreichere Erläuterungen notwendig, sollten sie in einem gesonderten Text erfolgen.)

Selbstverständlich können Sie Ihre Ausführungen auch dann mittels Skizzen anschaulicher machen, wenn Sie nicht ausdrücklich dazu aufgefordert werden. Dadurch steigern Sie den Wert Ihrer Arbeit aber nur dann, wenn Sie sich beim Skizzieren an die Regeln halten.

Aufgabe 58 1985 fand man im Darm von Doktorfischen den Einzeller *Epulopiscinum fishelsonii*, den man aufgrund seiner Größe von 0,5 mm zunächst für einen Vertreter der Protozoen hielt. Genauere Untersuchungen zeigten, dass es sich um ein ungewöhnlich großes Bakterium handelt.
Zeigen Sie anhand von beschrifteten Skizzen, welche Fakten die Zuordnung beeinflusst haben könnten.

76 | Geistige Arbeitstechniken und Lösungsstrategien

Aufgabe 59 Suchen Sie mindestens fünf Mängel in der nachfolgenden Skizze eines Laubblattquerschnitts. Fertigen Sie eine eigene Skizze an, in der Sie die Fehler vermeiden.

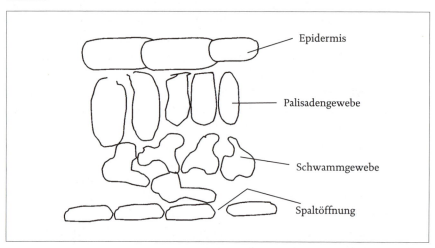

Beispiel Unter bestimmten Bedingungen kommt es in Seen zur Massenvermehrung von Cyanobakterien (Blaualgen). Einige Arten bilden Stoffe, die Menschen und Tiere schädigen können. So blockiert Anatoxin A die Rezeptoren der Natriumkanäle an der postsynaptischen Membran.
Begründen Sie, auch mithilfe von Skizzen, die Giftwirkung dieses Stoffes.

Bearbeitungsmöglichkeit

Bearbeitungshinweise: Die Begründung bildet den Schwerpunkt, die Skizzen sollen nur veranschaulichen.

Die Informationsübertragung von einer Nervenzelle zur anderen erfolgt meist auf chemischem Wege. Das am synaptischen Endknöpfchen eintreffende Aktionspotenzial veranlasst die Ausschüttung eines Neurotransmitters. Dieser diffundiert durch den synaptischen Spalt und trifft an der postsynaptischen Membran auf Rezeptoren. Er bindet nach dem Schlüssel-Schloss-Prinzip an einem Rezeptor (A). Dadurch ändert sich die Konformation des zum Rezeptor gehörenden Membranproteins und es wird ein Kanal für Natriumionen geöffnet (B).

Mit dem Einstrom der Natriumionen wird am Soma der Empfängerzelle ein Aktionspotenzial ausgebildet, die Information ist übertragen und der Kanal schließt sich nach Lösen des Neurotransmitters wieder (C).

> Beginnen Sie mit dem Text und verweisen Sie darin auf wichtige Stellen Ihrer zeichnerischen Darstellung.

> Gehen Sie vom Prozess der ungestörten Übertragung aus.

Das cyanobakterielle Gift Anatoxin A ähnelt in seiner Struktur einem Neurotransmitter. Es konkurriert daher mit diesem um die Bindungsstelle des Membraneiweißes (D). Allerdings bewirkt das Gift im Gegensatz zum Transmitter keine Öffnung des Natriumkanals (E). Liegt das Anatoxin in ausreichender Konzentration vor, bleibt also die Ausschüttung des Transmitters folgenlos. An der postsynaptischen Membran wird kein Aktionspotenzial gebildet, die Information wird nicht weitergeleitet. Denkbare Folgen für Mensch und Tier sind Störungen der Sinneswahrnehmung oder anderer zentralnervöser Prozesse. Da auch die Informationsübertragung von Nerven auf Muskeln blockiert wird, könnten schlaffe Lähmungen auftreten.

Anschließend stellen Sie dar, welche Veränderungen der Stoff Anatoxin A bewirkt und wieso diese schädigend wirken.

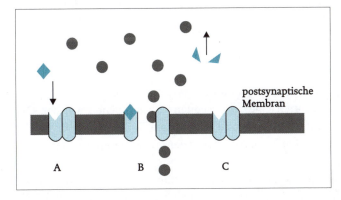

Veranschaulichen Sie die entscheidenden Sachverhalte in zwei Skizzen.
Heben Sie die Strukturen der Synapse hervor, an denen das Gift seine Wirkung erzielt, also die postsynaptische Membran und die in ihr enthaltenen Natriumkanäle. Die Vorgänge an der präsynaptischen Seite werden von Anatoxin ebensowenig beeinflusst wie die transmitterspaltenden Enzyme. Diese Elemente können Sie also andeuten oder ganz vernachlässigen.

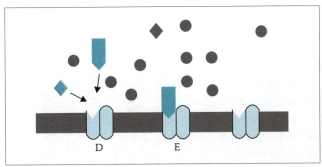

Fügen Sie Ihrer Skizze eine Legende bei.

Aufgabe 60 Fertigen Sie eine beschriftete Skizze einer Versuchsanordnung an, mit der man den Verlauf von Aktionspotenzialen messen kann. Beschreiben Sie die Versuchsdurchführung.

Aufgabe 61 Auf welche Weise findet ein neu gebildetes Protein in der Zelle seinen Bestimmungsort? Für die Antwort auf diese Frage erhielt Günther Blobel 1999 den Nobelpreis für Medizin. Mitochondrien etwa müssen 95 % der in ihnen wirksamen Proteine aus dem Zytoplasma importieren, so z. B. drei Untereinheiten der Cytochromoxidase, einem Enzym der Atmungskette. Nach der von Blobel formulierten Signalhypothese besitzt jedes Protein, das eine Biomembran durchqueren soll, eine Signalsequenz aus zehn bis dreißig Aminosäuren. Trifft dieses topogene Signal auf die richtige Membran, kann es an den Rezeptor eines Kanalproteins binden. Daraufhin öffnet sich der Kanal für die Passage des Proteins. Damit der Durchtritt durch den engen Kanal möglich ist, erhalten Proteine meist erst hinterher ihre endgültige Tertiärstruktur. Nach dem Erreichen des Zielorts spaltet oft ein Enzym die Signalsequenz ab.
Die Passage kann auch durch eine Stoppsequenz unterbrochen werden. Der Kanal öffnet sich daraufhin seitlich und leitet einen Teil des Proteins in die hydrophobe Schicht der Membran. Auf diese Weise wird ein neues Membranprotein verankert.
Im Text werden zwei Varianten des Membrantransports von Proteinen beschrieben. Stellen Sie beide in einer Reihe von Skizzen dar und erläutern Sie die Bedeutung der Vorgänge.

Aufgabe 62 Die auf sandigen Wiesen in Carolina beheimatete Venusfliegenfalle besitzt eine besondere Umbildung der Blätter zu Fangorganen. Berührt ein Insekt Tastborsten auf der Blattspreite, klappt das Blatt wie ein Tellereisen zusammen und hält die Beute fest. Aus Drüsenzellen wird ein enzymhaltiges Sekret abgesondert. Wenn sich die Falle nach Tagen öffnet, ist das Insekt bis auf den Chitinpanzer verdaut und die Verdauungsprodukte durch das Blatt resorbiert worden.

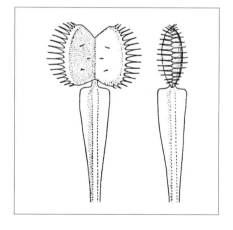

Stellen Sie in einer Skizze Bildung und Abgabe des Verdauungssekretes schematisch dar. Erklären Sie die Bedeutung der Anpassung insektivorer Pflanzen.

3.3 Diagramme

Biologische Versuche ergeben oft quantitative Ergebnisse. Aus den abstrakten Zahlen ist das eigentliche Versuchsergebnis aber nicht immer sofort erkennbar. Um den Erkenntniswert der Versuchsdaten zu verdeutlichen, kann man sie beispielsweise in einem **Diagramm** grafisch darstellen. Die Anschaulichkeit ist allerdings von der Einhaltung einiger Regeln abhängig.

- Das Diagramm sollte mit einem mittelharten **Bleistift** gezeichnet werden, damit klare, gut erkennbare Linien entstehen. Millimeterpapier, Lineal und eventuell ein Zirkel ermöglichen ein genaues Arbeiten.
- Zeichnen Sie nicht zu klein. Ihr Diagramm sollte eine **Mindestgröße** von 10 cm · 10 cm keinesfalls unterschreiten.
- Ein aussagekräftiges Diagramm benötigt eine saubere und eindeutige **Beschriftung**. Geben Sie Ihrem Diagramm einen Titel und beschriften Sie die Achsen mit den dargestellten Größen und den verwendeten Maßeinheiten. Sind die Maßeinheiten nicht bekannt, geben Sie relative Werte an.
- Die Einteilung der **Skalen** muss einerseits alle Messwerte umfassen. Beachten Sie also den Minimal- und den Maximalwert der gemessenen Größen. Andererseits sollen auch eng beieinander liegende Messpunkte deutlich unterscheidbar sein. Unterteilen Sie die Skalen möglichst in gleichbleibenden Abständen. Bei exponentiell ansteigenden Werten sollten Sie allerdings eine logarithmische Skala verwenden. Bei dieser Skala entspricht der nächsthöhere Skalenwert immer dem 10-Fachen des vorhergehenden Wertes.
- Fertigen Sie gegebenenfalls einen **Grobentwurf** an, damit die endgültige Fassung sauber und eindeutig gelingt.

Die Wahl des geeigneten Diagrammtyps ist abhängig vom Charakter der Daten, die dargestellt werden sollen. Folgende **Diagrammtypen** werden häufig verwendet:

- **Kurvendiagramme** geben die Beziehung zwischen zwei Variablen wieder, z. B. die Abhängigkeit eines Stoffwechselprozesses von den Bedingungen des Milieus. Typisch sind sie auch für die Darstellung der zeitlichen Änderung einer Messgröße. Der Eindruck, den das Diagramm vermittelt, ist wesentlich von der richtigen Gestaltung der Achsen abhängig. Es ist üblich, die unabhängige Variable (in dem abgebildeten Beispiel die Temperatur) auf der x-Achse und die abhängige Variable (hier die Enzymaktivität) auf der y-Achse abzutragen.

Nach dem Eintragen werden die Messpunkte miteinander verbunden. Mehrere Messwertreihen ergeben eine Kurvenschar. Streuen die Messwerte stark, sollte man prüfen, ob durch eine geglättete „Freihandkurve" ein Trend verdeutlicht werden kann. Manchmal werden auch zwei abhängige Variablen in einem Diagramm dargestellt. In solchen Fällen kann man an der rechten Seite eine zweite y-Achse errichten.

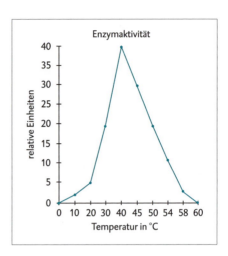

- **Säulendiagramme** werden genutzt, um Zustände, Verhältnisse oder Mengen darzustellen. In dem abgebildeten Beispiel sind es Angaben zu einer Messgröße in verschiedenen Ökosystemen. Anhand der Säulenhöhe können die Messwerte verglichen und Trends erkannt werden. Wählen Sie die Säulenbreite so, dass darunter eine gut leserliche Beschriftung möglich ist. Eine vergleichbare Darstellung ist auch mit waagerechten Balken möglich. Wollen Sie Angaben zur zeitlichen Veränderung mehrerer Messwertklassen darstellen, können Sie auch mehrere Säulen/Balken hintereinander versetzt anordnen.

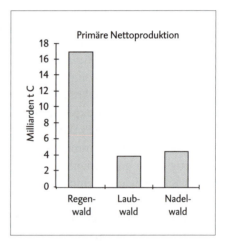

- **Kreisdiagramme** geben darüber Auskunft, wie groß die Anteile mehrerer Bestandteile an einem Ganzen sind. So lässt sich zum Beispiel der prozentuale Anteil der einzelnen Kompartimente am Gesamtvolumen einer Zelle darstellen. Unterschiedliche Farbgebung oder Schraffierung der Segmente erhöht die Anschaulichkeit. Die Anfertigung eines solchen Diagramms erfordert allerdings erst die Umrechnung der Prozentwerte in Bogenlängen oder Teilwinkel.

Eine einfachere Alternative stellt die Verwendung eines Staffelbalkens dar. Der Balken steht ebenso wie der Kreis für das Ganze. Er setzt sich aus mehreren Abschnitten zusammen, entsprechend der Zahl darzustellender Bestandteile. Die Größe des Abschnitts entspricht dem Anteil des jeweiligen Bestandteils am Ganzen.

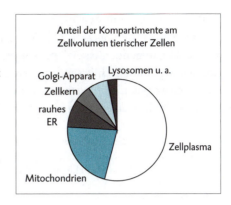

Aufgabe 63 Wählen Sie eine geeignete Darstellungsform für die folgenden Sachverhalte aus und begründen Sie Ihre Entscheidung:
1. die Größe der Karpfenpopulation eines Teiches im Zeitraum von 1970–85
2. der Anteil verschiedener Stoffe am Zytoplasma
3. die Abhängigkeit der Fotosyntheserate von der Lichtstärke
4. die Biomasseproduktion in verschiedenen Ökosystemen

Aufgabe 64 Prüfen Sie, ob die Aufgabe angemessen gelöst wurde.

Deutschland und Equador haben eine annähernd gleiche Größe, aber unterschiedliche klimatische Bedingungen. Vergleichen Sie anhand einer grafischen Darstellung den Artenreichtum beider Gebiete.

	Deutschland	Equador
Säugetiere	94	280
Vögel	305	1 447
Reptilien	12	345

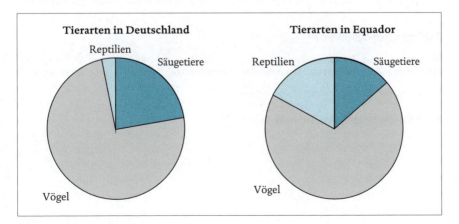

82 / Geistige Arbeitstechniken und Lösungsstrategien

In der Abiturprüfung wird der Auftrag zur grafischen Darstellung von Versuchsdaten oft mit weiteren Arbeitsaufträgen in einer Teilaufgabe zusammengefasst. Das folgende Beispiel enthält die typische Kombination von grafischer Darstellung und anschließender Auswertung. Vollziehen Sie beim Lesen den Lösungsweg gedanklich nach. Ausführliche Hinweise zur Interpretation grafischer Darstellungen erhalten Sie auf den Seiten 38 ff.

Beispiel

Larven der Goldfliege *(Lucilla caesar)* wurden bei unterschiedlichen Temperaturen gehalten. In einer Versuchsreihe wurde gemessen, in welcher Zeit die Larven eine Strecke von 180 mm kriechend zurücklegen. Dabei erhielt man folgende Werte.

Temperatur in °C	Laufzeit in s		
	Versuch 1	Versuch 2	Versuch 3
0	190	200	212
15	105	75	88
20	80	33	58
25	35	62	53
30	29	57	46
35	50	67	59
40	42	92	63
45	65	85	113

Stellen Sie in einem Diagramm die Abhängigkeit der Durchschnittsgeschwindigkeit von der Umgebungstemperatur dar.
Interpretieren Sie die grafische Darstellung aus physiologischer und ökologischer Sicht.

Bearbeitungsmöglichkeit

Bearbeitungshinweise: Die darzustellenden Größen sind im Material nicht direkt gegeben. Sie müssen also zunächst die mittlere Laufzeit und daraus dann die Durchschnittsgeschwindigkeit der Larven errechnen.

Berechnung der mittleren Laufzeit: $\bar{t} = \dfrac{t_1 + t_2 + t_3}{3}$

Berechnung der Durchschnittsgeschwindigkeit: $\bar{v} = \dfrac{s}{\bar{t}}$

Temperatur in °C	Mittlere Laufzeit in s	Durchschnittsgeschwindigkeit in mm/s
0	212	0,85
15	88	2,04
20	58	3,09
25	53	3,42
30	46	3,88
35	59	3,03
40	63	2,86
45	113	1,59

Die Ergebnisse stellen Sie in einer neuen Wertetabelle dar.

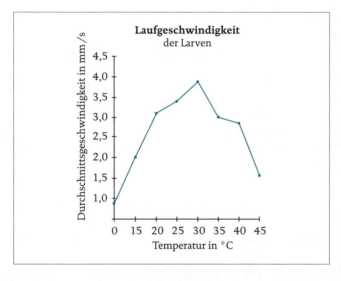

Darzustellen ist die Abhängigkeit zweier Variablen. Bereiten Sie also ein Koordinatensystem für ein Kurvendiagramm vor. Die Temperatur ist die unabhängige Größe. Sie versehen also die x-Achse mit einer Temperaturskala (0–45 °C). Auf der y-Achse müssen Sie Geschwindigkeitswerte von 0,85 bis 3,88 mm/s abtragen. Unterteilen Sie so, dass 1 cm einer Geschwindigkeitszunahme von 0,2 mm/s entspricht. Tragen Sie die Werte ab und verbinden Sie diese zu einer Kurve.

Das Diagramm zeigt die durchschnittliche Kriechgeschwindigkeit von Goldfliegenlarven in Abhängigkeit von der Umgebungstemperatur. Zwischen 0 und 30 °C beantworten die Larven die Temperatursteigerung mit einer stetigen Erhöhung ihrer Kriechgeschwindigkeit. Steigert man die Temperatur darüber hinaus weiter, so verlangsamt sich die Bewegung der Raupen wieder.
Als poikilotherme Tiere verfügen die Insektenlarven nicht über die Möglichkeit der Regulation ihrer Körpertemperatur, sie übernehmen die Temperatur der Umgebung. Um den Gefrierpunkt herum befinden sich Wechselwarme eigentlich in Kältestarre, sodass die Beweglichkeit bei 0 °C überrascht.

Beginnen Sie Ihre Auswertung mit einer Beschreibung (Größen, Abhängigkeiten, Kurvenverlauf).

Auswertung unter physiologischem Aspekt

84 Geistige Arbeitstechniken und Lösungsstrategien

Entsprechend der Reaktionsgeschwindigkeits-Temperatur-Regel beschleunigen sich die Energiefreisetzungsprozesse in den Muskeln der Larven bei einer Temperaturerhöhung.
Ihre Bewegungsgeschwindigkeit steigt daher an. Bei 30 °C ist offensichtlich das Temperaturoptimum für dieses Verhalten erreicht. Je intensiver sich die Larven bewegen, umso mehr Stoffwechselwärme produzieren sie. Die Aktivität der Larven nimmt daher ab, wenn das Optimum überschritten wird.

Die Abhängigkeit von den Außentemperaturen führt u. a. dazu, dass viele Insekten den Winter in unseren Breiten in einer Larven- oder Puppenruhe überbrücken. Erst mit zunehmender Erwärmung im Frühjahr schlüpfen die Vollinsekten und pflanzen sich fort. Die aus den Eiern schlüpfenden Larven nutzen günstige Temperaturen und das Nahrungsangebot im Sommer und Herbst für ihre Entwicklung.

Verbinden Sie physiologische und ökologische Betrachtung.

Eine zu starke Erwärmung könnte beispielsweise den Wasserhaushalt der Tiere gefährden. Um dieser Gefahr zu entgehen, verlangsamen sie ihre Bewegung, im Extremfall bis zur Hitzestarre. Unter natürlichen Bedingungen suchen sie kühlere Bereiche ihres Biotops auf.

Wenden Sie nun die Kenntnisse an, die Sie in diesem Kapitel erworben haben, indem Sie die folgenden Aufgaben lösen. Vergleichen Sie anschließend Ihre grafischen Darstellungen mit den Lösungsbeispielen.

Aufgabe 65 In einer Versuchsreihe wurden Präparate der Zwiebelschuppen-Epidermis für 30 Minuten in Rohrzuckerlösungen unterschiedlicher Konzentration gelegt. Beim anschließenden Mikroskopieren wurde der Anteil plasmolysierter Zellen ermittelt.
Stellen Sie das Versuchsergebnis grafisch dar und interpretieren Sie Ihre Darstellung.

Konzentration der Rohrzuckerlösung in mol/l	0,1	0,15	0,2	0,25	0,3	0,35	0,4	0,45	0,5	0,55	0,6
Anteil plasmolysierter Zellen in %	0	0	0	8	33	41	56	75	89	100	100

Aufgabe 66 Ein Merkmal kann genetisch bedingt sein oder durch Umwelteinflüsse hervorgerufen werden, oft sind beide Ursachen zu berücksichtigen. Zur Klärung des erblichen Anteils von Merkmalen des Menschen sind Beobachtungen bei Zwillingspaaren hilfreich.

Stellen Sie die folgenden Konkordanzraten grafisch dar und ziehen Sie Schlussfolgerungen zur Erblichkeit der untersuchten Merkmale. (Die Übereinstimmung beider Zwillinge eines Paares bezeichnet man als Konkordanz, die Nichtübereinstimmung als Diskordanz.)

Merkmal	Eineiige Zwillinge		Zweieiige Zwillinge	
	Anzahl untersuchter Paare	Konkordanz-rate in %	Anzahl untersuchter Paare	Konkordanz-rate in %
Diabetes	65	65	116	18
Augenfarbe	256	99,6	194	28
Masern	189	95	146	87

Aufgabe 67 Die Vergärbarkeit verschiedener Kohlenhydrate durch die Hefe *Saccharomyces cerevisiae* wurde experimentell untersucht. Zu diesem Zweck wurde jeweils 1 g der Bäckerhefe in 20 ml der Zuckerlösungen aufgeschwemmt.
Stellen Sie die Versuchsergebnisse grafisch dar und erklären Sie die Befunde.

	V (CO_2) in ml im Ansatz mit			
Zeit in min	Glucose	Fructose	Maltose	Lactose
0	0	0	0	0
10	1,5	0,4	0,2	0
20	2,5	1,0	1,5	0
30	3,8	2,0	3,2	0
40	5,5	3,5	5,0	0

Auf den Punkt gebracht

Über die Qualität Ihrer Darstellung entscheiden vor allem:
- Arbeitsmaterial, Größe und Exaktheit der Darstellung
- Wahl des richtigen Diagrammtyps
- eindeutige und aussagekräftige Beschriftung

3.4 Tabellen

In einer Tabelle kann man biologische Fakten in übersichtlicher, geordneter Weise zusammenstellen. Besonders geeignet ist diese Form der Darstellung, wenn Sachverhalte verglichen werden sollen. Die Anlage der Tabelle richtet sich nach der Zielrichtung des Vergleichs. Nachdem Sie auf den Seiten 47 ff. bereits Tabellen ausgewertet haben, sollen Sie nun das Anlegen tabellarischer Übersichten üben.

Jede Tabelle besteht aus Spalten und Zeilen. Die oberste Zeile (Kopfzeile) und die linke Spalte (Randspalte) geben das **Ordnungsprinzip** der Tabelle vor. Oft enthält die Randspalte die Kriterien des Vergleichs. Die zu vergleichenden Sachverhalte werden dann in die Kopfzeile eingetragen.

Denken Sie bereits bei der Anlage Ihrer Tabelle an die Lesbarkeit der einzutragenden Fakten. Handelt es sich nicht nur um Zahlen oder einzelne Begriffe, müssen die Spalten eine entsprechende Breite aufweisen. Nutzen Sie das Blatt gegebenenfalls im Querformat. Bei umfangreicheren Texten sollten Sie noch einmal überdenken, ob eine Tabelle die geeignete Darstellungsform ist. Die Benutzung eines Lineals zur Anlage des Tabellenrasters versteht sich von selbst. Eine besondere Form stellen **Wertetabellen** dar, in denen die Ergebnisse quantitativer Untersuchungen oder Experimente zusammengefasst werden. Achten Sie darauf, nicht nur die Größen, sondern auch die Einheiten in der Randspalte bzw. Kopfzeile anzugeben.

Aufgabe 68 Die Bauchspeicheldrüse des Menschen erfüllt mithilfe spezialisierter Zellen mehrere Aufgaben. Vergleichen Sie die verschiedenen Typen von Drüsenzellen tabellarisch.

Aufgabe 69 Die Nukleinsäuren menschlicher Zellen sollen nach vier selbstgewählten Kriterien verglichen werden.
Beurteilen Sie Anlage und Vollständigkeit der folgenden Tabelle. Fertigen Sie gegebenenfalls eine eigene Tabelle an.

DNA	RNA
Desoxyribose, Phosphat, Adenin, Thymin, Cytosin, Guanin	Ribose, Phosphat, Adenin, Uracil, Guanin, Cytosin
Zellkern	Zellkern und Zellplasma
Doppelstrang	Einzelstrang
Erbinformation, Replikation	Translation

Beispiel: Geben Sie einen tabellarischen Überblick über die Verdauungsvorgänge beim Menschen.
Erklären Sie die physiologische Bedeutung der im Diagramm dargestellten Zusammenhänge.

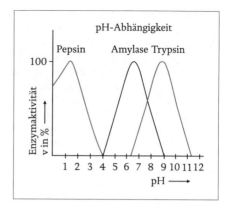

Bearbeitungsmöglichkeit

Abschnitt des Verdauungskanals	Verdauung von (in Klammern: Verdauungsenzyme)		
	Kohlenhydraten	Proteinen	Fetten
Mundhöhle	Stärke bzw. Glycogen → Dextrine bzw. Maltose (α-Amylase)	–	–
Speiseröhre	–	–	–
Magen	–	Proteine → Peptide (Pepsin)	–
Dünndarm	• Stärke bzw. Glycogen → Maltose (α-Amylase) • Maltose → Glucose (Maltase) • Saccharose → Glucose + Fructose (Saccharase) • Lactose → Galactose + Glucose (Lactase)	Proteine → Peptide (Trypsin, Chymotrypsin) Peptide → Aminosäuren (Carboxipeptidasen, Enteropeptidasen)	Triacylglyceride → Mono- bzw. Diacylglyceride + Fettsäuren (Lipase)
Dick- und Mastdarm	–	–	–

Legen Sie zuerst die Ordnungskriterien Ihrer Tabelle fest. Die einzelnen Stationen bei der Passage des Verdauungskanals bieten sich ebenso an wie die drei Nährstoffgruppen. (Probieren Sie auch Alternativen aus, z. B. Enzyme – Bildungsort – Wirkungsort – Wirkung …)

- Pepsin: Protease im Magen
- Trypsin: Protease im Dünndarm
- Amylase in Mundhöhle und Dünndarm
- Unterschiedliche pH-Optima

Analysieren Sie das Diagramm.

Das Diagramm zeigt für drei Verdauungsenzyme die Abhängigkeit der Enzymaktivität (v) vom pH-Wert der Umgebung.
Pepsin zeigt bereits bei pH 0 eine erhebliche Aktivität, erreicht sein Optimum bei pH 2 und ist oberhalb eines pH-Werts von 4 unwirksam. Hier beginnt die Aktivität der Amylase, die ihr Optimum im schwach sauren Bereich hat (pH 6 bis 7). Das Maximum liegt beim pH-Wert von 9. Die pH-Toleranz des Trypsin ist stärker zum basischen Bereich hin verschoben. Es ist bei Werten zwischen 6,5 und 11,5 aktiv, mit optimaler Wirksamkeit bei pH 9.

Interpretieren Sie die grafische Darstellung.

Die pH-Abhängigkeit der Enzyme ergibt sich aus Wechselwirkungen zwischen den Hydroniumionen des Milieus und sauren bzw. basischen Resten der Aminosäuren im Protein. Ein suboptimaler pH-Wert verändert die Tertiärstruktur des Enzyms so, dass es an Aktivität verliert. Außerhalb der Toleranzgrenzen ist zumindest das aktive Zentrum unbrauchbar, möglicherweise sogar das gesamte Enzymeiweiß denaturiert.

Geben Sie eine allgemeine Erklärung für die pH-Abhängigkeit.

Die Magenschleimhautzellen produzieren Pepsinogen, eine inaktive Vorstufe des Pepsins. Gleichzeitig schütten die Belegzellen Salzsäure aus, die den sauren pH-Wert des Magensaftes bewirkt. Nach der autokatalytischen Aktivierung stehen im Pepsin 4 basische Aminosäurereste 40 sauren gegenüber. Das Enzym findet im Magen also optimale Bedingungen vor. Pepsin spaltet Proteine zu Peptiden unterschiedlicher Länge. Eine verringerte Produktion an Magensäure wirkt sich nachteilig auf Pepsinaktivität und Eiweißverdauung aus. Von den Nebenzellen produzierter Schleim schützt die Magenwand vor der Wirkung von Enzym und Säure.
An der weiteren Verdauung der Peptide ist u. a. Trypsin beteiligt, das erst im basischen Bereich eine nennenswerte Aktivität zeigt. Der Nahrungsbrei erreicht den Zwölffingerdarm allerdings mit einem sauren pH-Wert. Durch Hydrogencarbonationen aus dem Pankreassaft wird das Milieu zum leicht alkalischen pH-Wert von 8 bis 8,5 verändert. Die Konzentration der Hydrogencarbonationen wird hormonell geregelt. Zellen der Darmwand sondern bei Kontakt mit Hydroniumionen und Peptonen das Hormon Sekretin ab, das im Pankreas die Zusammensetzung des Sekretes beeinflusst. Auf diese Weise werden Bedingungen geschaffen, unter denen Trypsin wirksam ist.

Stellen Sie den Bezug zum Verdauungssystem des Menschen her.

Diese Bedingungen sind auch für α-Amylase geeignet. Das Enzym wird bereits mit dem Mundspeichel der Nahrung zugesetzt und leitet die Kohlenhydratverdauung ein. Im sauren Milieu des Magens wird die Amylase schrittweise inaktiviert. (Abhängig von der Verweildauer und Lage des Nahrungsbreis. Neu aufgenommene Nahrung befindet sich zunächst im Zentrum, wo der alkalische pH-Wert des Speichels zunächst noch beibehalten werden kann.) Mit dem Pankreassekret wird dem Nahrungsbrei im Zwölffingerdarm weitere Amylase zugesetzt, die im neutralisierten (bzw. leicht alkalisierten) Milieu voll aktiv ist. Diese Amylase beendet die Spaltung von Stärke und Glycogen in Disaccharide.

Aufgabe 70 Aufgabe des vegetativen Nervensystems des Menschen ist die Aufrechterhaltung des inneren Milieus (Homöostase).
Stellen Sie tabellarisch Fakten zu Bau und Funktion des vegetativen Nervensystems zusammen. Leiten Sie daraus das „Zwei-Zügel-Prinzip" ab.

Aufgabe 71 Homöostase, also das Konstanthalten des inneren Milieus bei variablen Außenbedingungen, ist bei Lebewesen unterschiedlich stark ausgeprägt. Regulierer und Konformer stellen die beiden Extreme dar, zwischen denen es fließende Übergänge gibt.
Kennzeichnen Sie beide Grundtypen an Beispielen. Stellen Sie eine tabellarische Kosten-Nutzen-Analyse an und leiten Sie das Prinzip der Energiezuweisung ab.

Auf den Punkt gebracht

- Verschaffen Sie sich vor dem Anlegen der Tabelle eine klare Vorstellung über deren Inhalt.
- Geben Sie bei Vergleichen in der ersten Spalte die Kriterien an.
- Reduzieren Sie die Eintragungen auf Schlüsselbegriffe.

3.5 Modelle

Über den Umgang mit Modellen zur Veranschaulichung und zum Erkenntnisgewinn haben Sie bereits auf den Seiten 53 ff. einiges erfahren. Dort gingen wir davon aus, dass Ihnen ein Modell zur Auswertung vorliegt. Nun sollen Sie versuchen, Modelle selbst zu entwickeln und darzustellen. Dabei können Sie folgendermaßen vorgehen:

- Wählen Sie entsprechend der Aufgabenstellung wesentliche Merkmale des Originals aus. Vernachlässigen Sie die Merkmale, die nicht zur Lösung der Aufgabe beitragen.
- Konstruieren Sie gedanklich ein Modell als Stellvertreter des Originals, indem Sie Analogien herstellen.
- Formulieren Sie Ihr Modell sprachlich oder stellen Sie es bildlich dar.
- Arbeiten Sie mit dem Modell entsprechend der Aufgabenstellung weiter.

Aus Ihrem Modell lassen sich Erkenntnisse und Erklärung gewinnen. Sie können aus ihm auch Voraussagen darüber ableiten, wie sich das biologische System unter bestimmten Bedingungen verhalten wird. Prüfen Sie dabei aber immer wieder die Eignung Ihres Modells. Erweitern oder ändern Sie es gegebenenfalls.

Auch Experimente können Modellcharakter tragen. Darüber erfahren Sie mehr im Abschnitt „Geistig-praktische Arbeitstechniken und Lösungsstrategien".

Aufgabe 72 Die folgenden Sachverhalte zum Themenkreis Enzyme sollen in Modellskizzen veranschaulicht werden. Nennen Sie zunächst die wesentlichen Merkmale des Originals und skizzieren Sie dann.
1. Schwermetallionen wirken als Enzymgifte.
2. In ruhenden Getreidekörnern ist β-Amylase durch ein Bindeprotein blockiert. Bei der Keimung wird dieses Bindeprotein abgebaut und die β-Amylase damit aktiviert.
3. Enzyme sind substratspezifisch.

Aufgabe 73 Bietet man einer Kultur von *Escherichia coli* Lactose an, wird das Disaccharid mit zeitlicher Verzögerung abgebaut, weil zunächst Gene zur Enzymproduktion aktiviert werden müssen. Zur Erklärung des Aktivierungsmechanismus schufen Jacob und Monod das Operonmodell.
Stellen Sie die substratinduzierte Aktivierung des lac-Operons in einer Skizzenfolge dar.

Aufgabe 74 In den biologischen Teildisziplinen werden verschiedene Modellorganismen genutzt. An ihnen gewinnt man in der Grundlagenforschung Erkenntnisse, die später auf andere Lebewesen übertragen werden können. Einige Arten haben besondere Berühmtheit erlangt.
1. Geben Sie an, in welchen Teildisziplinen die folgenden Organismen als Forschungsobjekte eingesetzt wurden: *Drosophila, Loligo* (ein Tintenfisch), *Arabidopsis* (Ackerschmalwand), Seeigel, Silbermöwen.
2. Die Molekulargenetik hat viele Erkenntnisse an *E. coli* gewonnen. Begründen Sie, warum man für einige Fragestellungen statt des Darmbakteriums verstärkt Hefen oder tierische Zellkulturen nutzt.

Geistige Arbeitstechniken und Lösungsstrategien | 91

Beispiel Auf dem Soma einer Nervenzelle können Tausende von Synapsen enden. Durch die Verschaltung mehrerer Neuronen ist so eine Informationsverarbeitung bereits auf zellulärer Ebene möglich.
Entwickeln Sie ein Modell mit dem Sie prä- und postsynaptische Hemmung an einem Neuron veranschaulichen können. Stellen Sie jeweils Beispiele für Input und Output der Information dar.

Bearbeitungsmöglichkeit

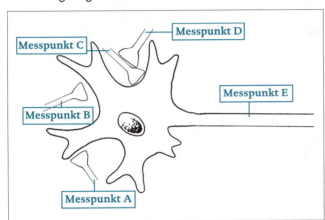

Skizzieren Sie zunächst das Soma des Neurons mit den aufliegenden Synapsen und den Ansatz des ableitenden Axons. Einem synaptischen Endknöpfchen muss ein weiteres aufliegen, um den präsynaptischen Effekt zeigen zu können.

A und C = erregende Synapsen
B und D = hemmende Synapsen

Geben Sie die Wirkung der Synapsen an.

Präsynaptische Hemmung

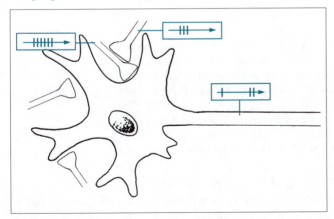

Stellen Sie als Nächstes für die genannten Prinzipien Ein- und Ausgang der Information in Modellskizzen dar.

Am Neuron C trifft eine Folge von sechs Aktionspotenzialen ein. In diese Folge fallen drei Aktionspotenziale von Axon D. Da D ein hemmendes Neuron ist, bewirkt jedes dieser drei Aktionspotenziale die Öffnung von Chloridkanälen am Endknöpfchen C. Dadurch wird das Ruhepotenzial von C vertieft. Gleichzeitig auf C einlaufende Aktionspotenziale rufen keine Ausschüttung von erregenden Transmittern hervor, werden also ausgelöscht. Auf das Soma der postsynaptischen Zelle werden nur die Aktionspotenziale übertragen, die nicht durch präsynaptische Hemmung beeinflusst waren. Dadurch entsteht das Muster am Messpunkt E.

<small>Erklären Sie nun die Fallbeispiele.</small>

Postsynaptische Hemmung

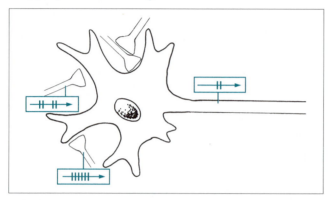

Aufgrund der Rezeptorbestückung der postsynaptischen Seite haben die beiden präsynaptischen Neurone A und B eine entgegengesetzte Wirkung. Die von A ausgeschütteten Transmitter bewirken postsynaptisch die Öffnung von Natriumkanälen und lösen damit exzitatorische postsynaptische Potenziale (EPSP) aus. Neuron B verwendet einen anderen Transmitter, der postsynaptisch Kalium- oder Chloridkanäle öffnet. Beides führt zu einer Vertiefung des Ruhepotenzials, zu einem inhibitorischen postsynaptischen Potenzial (IPSP). Bei Gleichzeitigkeit heben sich Depolarisation durch EPSP und Hyperpolarisation durch IPSP gegenseitig auf. Jenseits des Axonhügels entsteht ein neues Erregungsmuster: Im vorliegenden Fall werden nur die mittleren 2 Signale von Neuron A auf dem Axon E weitergeleitet.

Aufgabe 75 Ein Modellorganismus zeigt das folgende Verhalten: Er bewegt sich, sobald es hell wird. Nimmt er den Geruch eines Fressfeindes wahr, stellt er seine Bewegungen ein. Gleichzeitig wird hormonell eine Tarnfärbung der Haut veranlasst. Skizzieren Sie das „Minimalmodell einer Schaltung" aus Rezeptoren, Neuronen und Effektoren, die dieses Verhalten verwirklichen könnte.
Geben Sie den Ablauf der Vorgänge in dieser Schaltung stichpunktartig an.

Regelkreise

Lebende Systeme sind zur Selbstregulation fähig, d. h., sie können wichtige Größen auch dann innerhalb bestimmter Grenzen halten, wenn Störungen von außen auftreten. Diese Fähigkeit kann man durch unterschiedliche Modelle veranschaulichen. Im einfachsten Fall stellt man lediglich die Kausalbeziehung zwischen zwei Faktoren dar:

Plus und minus symbolisieren die kausale Beziehung zwischen den Faktoren A und B:
+ bedeutet: „je mehr A, desto mehr B", aber auch „je weniger A, desto weniger B".
− bedeutet: „je mehr B, desto weniger A" bzw. „je weniger B, desto mehr A".

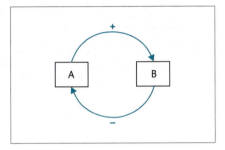

Sind beide Faktoren durch plus und minus verbunden, so besteht zwischen ihnen ein **Regelkreis**, der durch negative Rückkopplung stabilisiert ist.

Daneben existieren noch zwei weitere Typen von Kausalkreisen: Bei zwei Pluszeichen liegt ein **Wachstumskreis** mit positiver Rückkopplung vor, A und B fördern sich gegenseitig. Wenn zweimal minus auftritt, stellt die Wechselwirkung zwischen den Faktoren einen **Konkurrenzkreis** dar. Solche einfachen Kausalkreise werden z. B. oft benutzt, um die Beeinflussung der Populationsdichten zu veranschaulichen.

Aufgabe 76 Stellen Sie die folgenden Wechselbeziehungen zwischen zwei Arten in Kausalkreisen dar und erläutern Sie an je einem konkreten Beispiel.
1. Symbiose
2. Räuber-Beute-Beziehung
3. Parasitismus

In der Abiturprüfung wird man von Ihnen erwarten, dass Sie die Beeinflussung der Populationsdichte möglichst komplex erfassen. Sie müssen dazu eine schematische Darstellung anfertigen, die mehrere Kausalkreise enthält.

Beispiel Unter natürlichen Bedingungen wird die Dichte einer Tierpopulation durch vielfältige Faktoren beeinflusst. Entwickeln Sie zu einem selbst gewählten Beispiel eine möglichst umfassende modellhafte Darstellung.

Bearbeitungsmöglichkeit

Um die Aufgabe zu lösen, müssen Sie sich zunächst für eine Tierart entscheiden, die Ihnen als Beispiel dienen soll. Wählen Sie eine Art, über deren Wechselbeziehungen zu anderen Organismen Sie möglichst viel aussagen können.
Die von Ihnen erwartete Darstellung ist unter Umständen recht komplex. Fertigen Sie also zunächst einen Entwurf an. Die gewählte Art setzen Sie in das Zentrum Ihrer Darstellung und gruppieren ringsherum die Faktoren, deren Einfluss Sie veranschaulichen wollen. Dabei sollten Sie die Faktoren bereits ordnen, beispielsweise nach innerartlichen und zwischenartlichen Einflüssen. Wechselbeziehungen zu anderen Organismen sind dichteabhängige Faktoren. Die Größe Ihrer Beispielpopulation wirkt auf den Faktor zurück.

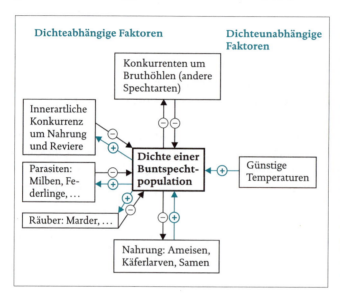

Verbinden Sie Faktor und Population durch entsprechende Pfeile. Kennzeichnen Sie nun die Art der Wirkung durch die kybernetischen Zeichen plus und minus.
Daneben existieren aber auch dichteunabhängige Wirkungen, etwa abiotische Umweltfaktoren. In diesen Fällen dürfen Sie keine Rückkopplungen angeben. Zeichnen Sie also nur einen Pfeil in Richtung auf Ihre Beispielpopulation und versehen Sie ihn, wenn dies sinnvoll ist, mit plus oder minus.

In manchen Fällen will man nicht nur darstellen, dass eine Größe geregelt wird, sondern auch wie dies geschieht. Hierfür ist der einfache Kausalkreis nicht ausreichend, man muss ein differenzierteres Modell wählen.
Eine häufig genutzte Variante ist das **Blockschaltbild** eines kybernetischen Regelkreises, das von B. Hassenstein vorgeschlagen wurde. Daneben sind auch andere Darstellungen gebräuchlich. Orientieren Sie sich deshalb an der Form, die Sie im Unterricht kennengelernt haben.

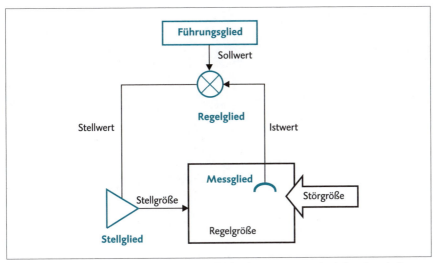

Abb. 4: Blockschaltbilder eines kybernetischen Regelkreises besitzen einen einheitlichen Grundaufbau

Die Störgröße wirkt auf die Regelgröße ein und verändert diese. Aufgabe des Regelkreises ist es, die Regelgröße innerhalb einer bestimmten Toleranz zu halten.

Der aktuelle Wert der Regelgröße wird durch das Messglied registriert und als Istwert an den Regler gemeldet. Da dem Regelglied vom Führungsglied ebenfalls der Sollwert mitgeteilt wird, kann es einen Soll-Ist-Vergleich anstellen. (Regelglied und Führungsgröße lassen sich oft nur schwer unterscheiden und werden daher manchmal auch als Regelzentrum zusammengefasst.) Ergibt der Vergleich eine Differenz, errechnet das Regelglied einen Stellwert, der an das Stellglied übertragen wird.

Durch das Einwirken des Stellgliedes wird die Regelgröße innerhalb ihrer Toleranz gehalten.

Aufgabe 77 Die Glucosekonzentration im Blut wird geregelt. Setzen Sie die folgenden Elemente in ein entsprechendes Blockschaltbild ein:
Chemorezeptoren, Blutzuckerkonzentration, Bauchspeicheldrüse, Insulinabgabe, Nahrungsaufnahme, Hypothalamus/Hypophyse

Aufgabe 78 Erklären Sie die Aussage: Fieber ist eine Erhöhung der Körpertemperatur, die durch eine Sollwertverstellung bewirkt wird.

Geistig-praktische Arbeitstechniken und Lösungsstrategien

1 Erkenntnismethoden in der Biologie

Die Biologie gewinnt Erkenntnisse aufgrund reproduzierbarer Ergebnisse von Beobachtungen und Experimenten. Dabei versucht man auf der Grundlage bisheriger Kenntnisse durch Vermutungen vorläufige Antworten (Hypothesen) auf die Ursache von Naturphänomenen und Lebensprozessen zu finden. Solche Arbeitshypothesen dienen als Grundlage für Beobachtungen und Experimente. Ausgehend von allgemeinen Voraussetzungen versucht man zu speziellen Ergebnissen zu gelangen, die man laut Hypothese erwarten würde und die experimentell nachprüfbar sind. Bei diesem als **Deduktion** bezeichneten Verfahren wird in der Regel der Ausgang eines Experiments oder eines zu beobachtenden Ereignisses vorhergesagt, unter der Voraussetzung, dass die Hypothese korrekt ist. Beobachtung und Experiment dienen zur Überprüfung der Hypothese und der Feststellung, ob vorhergesagte Ereignisse eintreten oder nicht. Aus den gewonnenen Aussagen, Fakten und Erkenntnissen werden schlüssige Konzepte und Theorien entwickelt und Ansatzpunkte für weitere Untersuchungen abgeleitet. Beobachten und Experimentieren sind damit eine wichtige Grundlage für das Verständnis und die Anwendung naturwissenschaftlicher Erkenntnismethoden, die es ermöglichen, den Wert und die Grenzen der experimentell gewonnenen Erkenntnisse richtig zu bewerten und zu verstehen.
Die naturwissenschaftlichen Methoden des Beobachtens und Experimentierens im Unterricht bestehen aus einer bestimmten Folge von Arbeitsschritten. Sie hilft durch einen hypothetisch-deduktiven Ansatz Beobachtungsaufgaben und Schülerexperimente erfolgreich zu lösen.

Die Lösung eines Problems erfolgt in bestimmten Schrittfolgen, die bei den naturwissenschaftlichen Methoden des Beobachtens und Experimentierens in ihrer Realisierung ähnlich sind.

98 / Geistig-praktische Arbeitstechniken und Lösungsstrategien

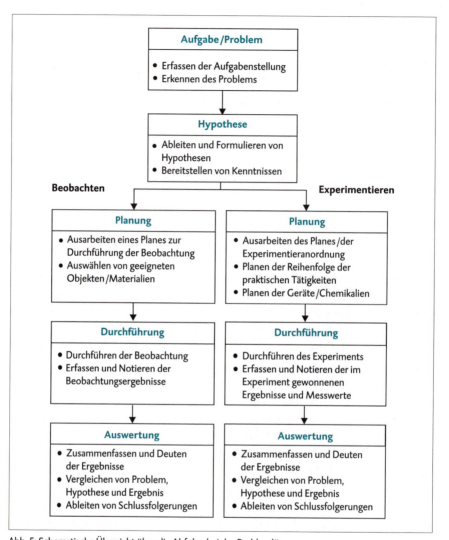

Abb. 5: Schematische Übersicht über die Abfolge bei der Problemlösung

1.1 Beobachten

Das Beobachten ist eine wichtige Methode des Erkenntnisgewinns und des Wissenserwerbs in der Biologie. Beim Beobachten werden durch zielgerichtete, systematische Wahrnehmung Eigenschaften, Merkmale, räumliche Beziehungen oder zeitliche Abfolgen ohne grundlegende Eingriffe an Objekten oder Vorgängen und deren Bedingungen ermittelt. Die Beantwortung von Beobachtungsaufgaben erfolgt in der Regel in bestimmten Schrittfolgen. Auf eine **Aufgabenstellung**, die als Frage oder Problem formuliert sein kann, wird eine **Hypothese** abgeleitet und formuliert. Danach folgt die **Planung**, einschließlich der Auswahl geeigneter Objekte bzw. Materialien und die **Durchführung** der Beobachtung. Die Darstellung der Beobachtungsergebnisse kann sich auf das Beobachten und Beschreiben (z. B. anatomischer Strukturen) beschränken bzw. in Form einer verbalen Aussage (z. B. einer Beschreibung des Verhaltens eines Tieres), in Form von Skizzen oder Zeichnungen (z. B. bei morphologischen Strukturen) oder in Form einer grafischen Darstellung bzw. Tabelle (z. B. bei quantitativen Beobachtungen) erfolgen. In der **Auswertung** werden auf der Grundlage der Ergebnisse Schlussfolgerungen abgeleitet und Verallgemeinerungen formuliert, die die aus der Aufgabenstellung formulierte Hypothese bestätigen oder widerlegen.

Beobachtungsaufgaben enthalten in der Regel Material, z. B. Abbildungen, Bilder, Texte, Beschreibungen von Beobachtungen und Experimenten, Tabellen, Messreihen u. Ä., auf die sich die Aufgabenstellung bezieht.

Die folgende Aufgabe zeigt, wie eine Beobachtungsaufgabe unter Beachtung der entsprechenden Schrittfolge beantwortet werden kann.

Beispiel Beobachten Sie unter Verwendung der Abbildungen das Wachstum von Maispflanzen in Hydrokulturen mit unterschiedlichem Nährstoffgehalt.

Pflanze in Vollnährlösung Pflanze in Teilnährlösung (ohne Stickstoff) Pflanze in destilliertem Wasser

Beschreiben Sie Ihre Beobachtungsergebnisse und ziehen Sie Schlussfolgerungen hinsichtlich der Bedeutung der Nährstoffe für das Wachstum und die Entwicklung der Pflanzen.

Bearbeitungsmöglichkeit

Individuen einer Art weisen Unterschiede in Bau und Entwicklung auf. Es muss die Ursache herausgefunden werden, die diese Unterschiede auslöst.

1. Schritt: Erfassen der Aufgabenstellung und Problemerkennung

In Betracht könnte die Wirkung verschiedener innerer und äußerer Faktoren kommen. Da im dargestellten Experiment der Nährstoffgehalt der Hydrokulturen unterschiedlich ist, könnte die unterschiedliche Nährstoffkonzentration als mögliche Ursache vermutet werden.

2. Schritt: Ableiten und Formulieren der Hypothese

Maispflanzen werden in unterschiedlichen Nährlösungen und in destilliertem Wasser kultiviert. Das Wachstum bzw. die Entwicklung der Maispflanzen werden miteinander verglichen und Schlussfolgerungen abgeleitet.

3. Schritt: Gedankliche Ausarbeitung eines Planes zur Durchführung der Beobachtung

Die Beobachtungen zeigen im Kulturgefäß 1 mit Vollnährlösung eine gut ausgebildete Maispflanze. Die Pflanze im Kulturgefäß 2 mit Teilnährlösung ohne Stickstoff ist schlechter entwickelt, deutlich kleiner und die Blätter sind chlorotisch und welken. Die Maispflanze im Kulturgefäß 3 mit destilliertem Wasser zeigt schwerwiegende Wachstums- und Entwicklungsstörungen. Die Blätter sind nur mäßig entwickelt und sterben z. T. ab.

4. Schritt: Durchführung der Beobachtung und Erfassen der gewonnenen Ergebnisse

Die Beobachtungsergebnisse lassen deutlich einen Zusammenhang von Wachstum und Entwicklung und unterschiedlichem Nährstoffbedarf erkennen. Das Fehlen eines der Makronährelemente (z. B. C, H, O, N, S) führt zu Mangelerscheinungen, selbst wenn alle anderen reichlich vorhanden sind. Zusätzlich werden auch geringe Mengen von Spurenelementen (z. B. Mn, Zn, Co, Cu u. a.) benötigt. Die Nährstoffe werden in Form von Ionen von der Pflanze durch die Wurzel aufgenommen. Das Fehlen des Stickstoffs im Kulturgefäß 2 führt zu Störungen der Eiweißsynthese der Pflanze und damit zu erheblichen Wachstums- und Entwicklungsstörungen. Die Pflanze im Kulturgefäß 3 zeigt, dass die Bereitstellung von Wasser allein nicht zur Aufrechterhaltung der Lebensprozesse reicht. Die Maispflanze benötigt die aufgenommenen Elemente nicht nur zum Aufbau verschiedener organischer Stoffe, sondern auch für andere Lebensprozesse.

5. Schritt: Auswerten und Deuten der ermittelten Ergebnisse

Aufgabe 79 Chromosomenveränderungen können zu Erbkrankheiten beim Menschen führen. Nach Untersuchungen der Chromosomen einer Mutter (A) und ihrer Tochter (B) zeigt das Karyogramm der Tochter Chromosomenveränderungen. Welche Abweichungen von der Norm zeigt das Karyogramm der Tochter? Benennen Sie die Ursachen und beschreiben Sie die Symptome der Anomalie!

Geistig-praktische Arbeitstechniken und Lösungsstrategien 101

A: Karyogramm der Mutter.

B: Karyogramm der Tochter.

Aufgabe 80 Lebende Zellen des Schuppenhäutchens der Roten Küchenzwiebel (Ausgangszustand A) werden zunächst in konzentrierte Kochsalzlösung (B) und anschließend in destilliertes Wasser (C) gelegt und unter dem Mikroskop beobachtet. Beschreiben Sie Ihre Beobachtungsergebnisse und fertigen Sie von den mikroskopisch sichtbaren Veränderungen beschriftete mikroskopische Zeichnungen an.
Erläutern Sie die Vorgänge der Plasmolyse und Deplasmolyse anhand Ihrer genauen Beobachtungsergebnisse!

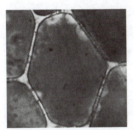
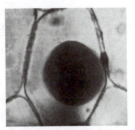

A: Lebende Zellen der Roten Küchenzwiebel (Ausgangszustand)

B: Lebende Zellen der Roten Küchenzwiebel in konzentrierter Kochsalzlösung

C: Lebende Zellen der Roten Küchenzwiebel in destilliertem Wasser

Auf den Punkt gebracht

- Erfassen der Aufgabenstellung und Erkennen des Problems
- Ableiten und Formulieren von Arbeitshypothesen; Bereitstellen von Kenntnissen
- Gedankliche Ausarbeitung eines Planes zur Durchführung der Beobachtung
- Durchführung der Beobachtung und Erfassen und Notieren der Ergebnisse
- Deuten der Ergebnisse, Vergleichen von Problemen, Hypothesen und Ergebnissen, Ableiten von Schlussfolgerungen

1.2 Experimentieren

Beim Experimentieren werden Objekte und Vorgänge der lebenden Natur durch planmäßige Eingriffe unter veränderten Bedingungen untersucht und Kausalzusammenhänge erkannt und erfasst. Das Experimentieren umfasst die Vorbereitung, Durchführung und Auswertung des Experiments. Die im Experiment gewonnenen Ergebnisse und Werte werden unter Berücksichtigung bekannter Erkenntnisse und theoretischer Aussagen zur Überprüfung von Hypothesen genutzt und Schlussfolgerungen abgeleitet.

Aufgaben mit einem hohen Anteil an praktischen Tätigkeiten sind die Durchführung und Bearbeitung von Schülerexperimenten oder die Bearbeitung und Auswertung von Demonstrationsexperimenten.

Um eine Hypothese zu überprüfen, kann in einer solchen Aufgabe z. B. die selbstständige Planung eines Experiments gefordert werden. Häufig werden den Aufgaben Materialien zugeordnet, die Beschreibungen von Experimenten, Messergebnisse oder Tabellen enthalten, die entsprechend der Aufgabenstellung auszuwerten sind.

Die Lösung einer Aufgabe erfolgt in einer bestimmten Folge von Handlungsschritten und wird meist in Form eines Protokolls dargestellt.

Beispiel Weisen Sie experimentell den Ausgangsstoff und das Endprodukt des enzymatischen Abbaus der Stärke nach! Fordern Sie Geräte und Chemikalien schriftlich an! Fertigen Sie ein Protokoll an!

Bearbeitungsmöglichkeit

Bearbeitungshinweise: Zur Stärkespaltung eignet sich Ptyalin im Mundspeichel oder eine andere verfügbare Amylase. Die für das Experiment benötigten Geräte und Chemikalien müssen zusätzlich angefordert werden.

Nachweis der Stärke und das beim experimentellen Abbau der Stärke entstandenen Endprodukts

1. Schritt: Erfassen der Aufgabenstellung und Problemerkennung

Stärke als Polysaccharid könnte durch ein entsprechendes substrat- und wirkungsspezifisches Enzym (Amylase) in niedermolekulare Di- bzw. Monosaccharide (Maltose, Glucose) gespalten werden. Als Enzym könnte Ptyalin verwendet werden. Stärke wird mit Iod-Kaliumiodidlösung als blau-schwarze Färbung nachgewiesen. Reduzierende Zucker (z. B. Glucose) werden mit Fehling'scher Lösung (Fehling I und Fehling II zu gleichen Teilen mischen) nachgewiesen. Nach Erhitzen zeigt eine ziegelrote Färbung Zucker an.

2. Schritt: Ableiten und Formulieren von Hypothesen, Bereitstellen von Kenntnissen

Ausarbeitung des Planes: Zunächst werden die für die Untersuchung notwendigen Geräte und Chemikalien ausgewählt und die Reihenfolge der Arbeitsschritte der Untersuchung festgelegt und das Protokoll angefertigt.

3. Schritt: Ausarbeiten des Planes und der Reihenfolge der praktischen Tätigkeiten

Reihenfolge der praktischen Fähigkeiten:
- Stärke und destilliertes Wasser zusetzen und eine wässrige Stärkelösung herstellen
- Proben der wässrigen Stärkelösung in vier Reagenzgläser einfüllen
- Zwei Proben Ptyalin zusetzen und etwa 10 min. reagieren lassen
- Proben auf Stärke bzw. reduzierenden Zucker überprüfen

Geräte/Chemikalien: Reagenzgläser, Reagenzglashalter, Reagenzglasgestell, Brenner, Stärkelösung, Fehling I, Fehling II, destilliertes Wasser, Ptyalin oder andere Amylase

4. Schritt: Schriftliche Anforderung der Geräte und Chemikalien

Von der Stärke mit destilliertem Wasser im Reagenzglas eine wässrige Lösung herstellen und mit Iod-Kaliumiodidlösung versetzen. Im Reagenzglas entsteht eine blau-schwarze Färbung. In einem Kontrollversuch wird der Stärkelösung Fehling'sche Lösung zugesetzt. Die Überprüfung der Kontrollprobe auf Vorhandensein eines reduzierenden Zuckers in der Lösung ist negativ. Die wässrige Stärkelösung im Reagenzglas mit Ptyalin versetzen und einige Minuten reagieren lassen und Fehling'sche Lösung zusetzen. Dabei entsteht eine blaue Färbung. Nach dem Erhitzen der Lösung entsteht ein ziegelroter Niederschlag. Die Überprüfung einer 2. Probe von mit Ptyalin versetzter Stärkelösung auf Vorhandensein von Stärke mit Iod-Kaliumiodidlösung ist negativ. Die Untersuchungsergebnisse werden in eine Tabelle eingetragen.

5. Schritt: Durchführung des Experiments und Erfassen der Ergebnisse und Messwerte in einem Protokoll

Probe	Stärke	Zucker
Probe 1: wässrige Stärkelösung	+	
Probe 2: Kontrollprobe (wässrige Stärkelösung)		–
Probe 3: wässrige Stärkelösung + Ptyalin		+
Probe 4: Kontrollprobe (wässrige Stärkelösung + Ptyalin)	–	

–: negative Reaktion; +: positive Reaktion

Auswertung: Im Experiment konnte nachgewiesen werden, dass Stärke durch das Enzym Ptyalin (Amylase) hydrolytisch gespalten wird. Als Reaktionsprodukt entsteht ein reduzierender Zucker (vermutlich Glucose). Damit konnte die in den Vorüberlegungen aufgestellte Hypothese bestätigt werden.

6. Schritt: Zusammenfassen der Ergebnisse, Vergleichen von Problem, Hypothese und Ergebnis, Deuten und Ableiten von Schlussfolgerungen

Aufgabe 81 In einem Experiment zu Untersuchungen mit pflanzlichen Geweben werden gleich große Kartoffelstücke für 24 Stunden in eine Petrischale mit Leitungswasser und in eine zweite Schale mit 0,6 mol Zuckerlösung gelegt.
Formulieren Sie mögliche Hypothesen zum Ergebnis des Experiments!

Aufgabe 82 Untersuchungen zur Resorption der Zucker Glucose und Sorbose im Dünndarm von Meerschweinchen brachte folgende Ergebnisse:
Resorption der Zucker Glucose und Sorbose im Dünndarm eines Meerschweinchens nach Zusatz unterschiedlicher Mengen DNP (Dinitrophenol)
Anmerkung: DNP bewirkt, dass der Elektronentransport der Atmungskette nicht zur Bildung von ATP führt.

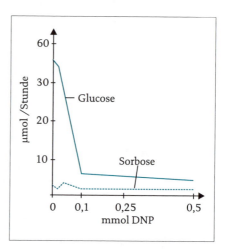

1. Beschreiben Sie die Ergebnisse und formulieren Sie das aus der Aufgabenstellung und den Ergebnissen des Experiments resultierende Problem!
2. Formulieren Sie mögliche Hypothesen!
3. Interpretieren Sie die Ergebnisse des Experiments im Hinblick auf die Aufnahme und den Transport der Zucker vom Dünndarm ins Blut!

Aufgabe 83 Nikolaas Tinbergen und seine Mitarbeiter experimentierten im Freiland mit Samtfaltern. Diese einheimische Schmetterlingsart sucht ihre Nahrung auf Blüten und saugt Nektar. In der Paarungszeit verfolgen die Männchen die relativ unscheinbar gefärbten Weibchen (Balzflug), veranlassen sie zur Landung und kopulieren nach der Balz mit ihnen.
Tinbergen machte mehr als 50 000 Attrappenversuche um herauszufinden, wodurch der Balzflug und der Blütenbesuch ausgelöst werden. Dazu wurden einmal Papp-Attrappen von den Umrissformen eines Weibchens angefertigt, die an einer Angel vor den Männchen bewegt wurden. Auch von den Blüten wurden entsprechende Papp-Attrappen in verschiedenen Formen hergestellt. Alle Attrappen waren ungemustert und einfarbig in den Farben braun, schwarz, rot, grün, blau, gelb und weiß. Die Ergebnisse der Experimente sind in den Grafiken dargestellt.

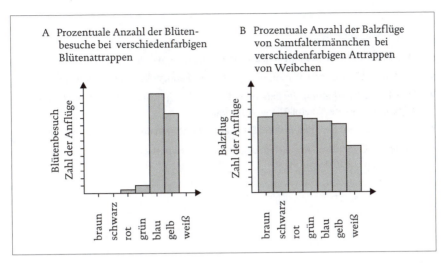

Anmerkung: Die Experimente zeigten, dass der Balzflug mit Attrappen nur bei balzwilligen Männchen und das Anfliegen der Blüten nur bei hungrigen Faltern ausgelöst werden konnte.

1. Formulieren Sie mögliche Hypothesen über die Ursachen von Balzflug und Blütenbesuch bei Samtfaltern!
2. Werten Sie die Experimente aus und vergleichen Sie Ihre Hypothesen mit den Ergebnissen der Experimente!

Aufgabe 84 Bestimmen Sie den pH-Wert von zwei Bodenproben!
Fordern Sie schriftlich die für die Untersuchung notwendigen Geräte und Chemikalien an! Fertigen Sie ein Protokoll an!

Aufgabe 85 Planen Sie ein Experiment, das die Wirkung eines Umweltfaktors auf die Fotosyntheseaktivität aufzeigt!
Fertigen Sie dazu ein Protokoll an!

Aufgabe 86 Weisen Sie experimentell Eiweiß in Pflanzen oder Pflanzenteilen nach!
Fordern Sie die für das Experiment benötigten Geräte und Chemikalien schriftlich an! Fertigen Sie ein Protokoll an!

Auf den Punkt gebracht

- Erfassen der Aufgabenstellung und Erkennen des Problems
- Ableiten und Formulieren von Arbeitshypothesen; Bereitstellen von Kenntnissen
- Gedankliche Ausarbeitung der Experimentieranordnung (Reihenfolge der praktischen Tätigkeiten – Geräte/Chemikalien – Ablaufplan)
- Durchführung des Experiments und Erfassen und Notieren der Ergebnisse und Messwerte
- Deuten der Ergebnisse; Vergleichen von Problemen, Hypothesen und Ergebnissen; Ableiten von Schlussfolgerungen

2 Arbeiten mit dem Mikroskop

2.1 Herstellen eines Mikropräparates

Mikroskope der verschiedenen Typen sind das wichtigste Hilfsmittel der Zytologie um Strukturen und Details, die mit dem bloßen Auge nicht zu erkennen sind, zu beobachten und zu erfassen.

Mikroskopisches Arbeiten beschränkt sich jedoch nicht nur auf das einfache morphologische Beschreiben der Zelle und Zellorganellen, sondern muss immer das Verhältnis von Struktur und Funktion berücksichtigen.

Das Verstehen eines physiologischen Vorganges ist einerseits nur durch genaue Kenntnis der betreffenden Struktur möglich, andererseits können aus morphologischen Untersuchungen funktionelle Schlussfolgerungen abgeleitet werden. Für mikroskopisches Arbeiten werden in der Regel Schnitt-, Quetsch- oder Abziehpräparate hergestellt. Die Objekte werden in einen Wassertropfen auf den Objektträger gelegt und mit einem Deckgläschen abgedeckt.

Bei Ausstrichpräparaten wird die Flüssigkeit mit der Deckglaskante gleichmäßig auf dem Objektträger verteilt und angetrocknet.

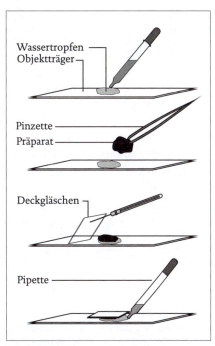

Abb. 6: Herstellen eines Feucht- oder Nasspräparates

In einzelnen Fällen werden auch einfache Nachweisreaktionen (z. B. Stärkenachweis mit Iod-Kaliumiodidlösung) und spezielle Färbemethoden, um bestimmte Zellorganellen noch deutlicher hervorzuheben, durchgeführt.

Zum mikroskopischen Arbeiten werden bestimmte Arbeits- und Präpariergeräte benötigt, dazu gehören u. a.:

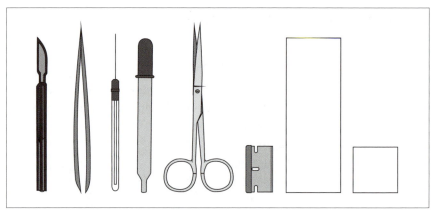

Abb. 7: Präpariergeräte: Skalpell, Pinzette, Lanzettnadel, Pipette, Präparierschere, Rasierklinge, Objektträger, Deckgläschen (von links nach rechts)

Für das Herstellen von Mikropräparaten gilt:
- auf größte Sauberkeit achten (Staub, Schmutzteilchen, Luftblasen, schmutzige Objektträger oder Deckgläschen können das mikroskopische Bild verfälschen),
- möglichst dünne, lichtdurchlässige Objekte anfertigen,
- Austrocknen frischer Objekte vermeiden.

Beispiel Fertigen Sie ein mikroskopisches Präparat von der Epidermis einer Küchenzwiebel an!

Bearbeitungsmöglichkeit

Bearbeitungshinweise: Vor Beginn der Arbeit Präpariergeräte griffbereit legen. Sauberen Objektträger, Deckglas und ein Gefäß mit Wasser bereitstellen. Zwiebel längs in vier gleiche Teile schneiden, die Basis und die vertrocknete Spitze eines Viertels entfernen und Schuppen lösen. Die matt aussehende Epidermis der konkaven Oberseite der Schuppe benutzen, da sie nur locker mit dem Gewebe verbunden ist und leicht abpräpariert werden kann.

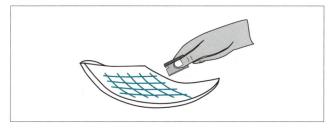

1. Schritt: Mit einer Rasierklinge oder dem Skalpell Schachbrettmuster in die Innenseite der Zwiebelschuppe schneiden.

Geistig-praktische Arbeitstechniken und Lösungsstrategien | 109

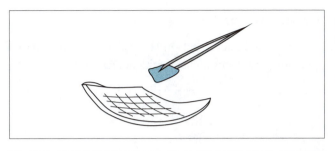

2. Schritt: Mit einer Pinzette vorsichtig ein Epidermisstück abheben und in den Wassertropfen auf den Objektträger legen.

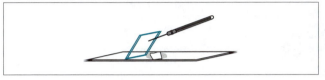

3. Schritt: Deckgläschen schräg an den Wassertropfen heranführen und vorsichtig auf das im Wasser liegende Objekt auflegen.

4. Schritt: Eventuell seitlich heraustretendes Wasser mit einem Filterpapierstreifen absaugen. Bei Wassermangel mit der Pipette seitlich am Deckglas Wasser zugeben.

Auf den Punkt gebracht

- Arbeits- und Präpariergeräte griffbereit legen
- Objektträger und Deckgläschen säubern
- Zwei bis drei Tropfen Flüssigkeit auf den Objektträger auftropfen
- Objekt aufbereiten (Schneiden, Zupfen, Zerquetschen)
- Objekt auf den Objektträger auflegen
- Deckgläschen vorsichtig auflegen

2.2 Handhabung des Mikroskops

Zum Mikroskopieren benutzt man in der Regel ein Hellfeld-Durchlicht-Mikroskop, bei dem das Präparat von einer Lichtquelle durchleuchtet wird.

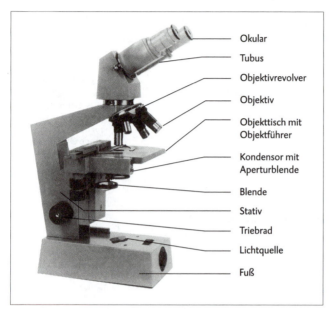

Abb. 8: Aufbau des Lichtmikroskops

Das Arbeiten mit dem Mikroskop muss geübt werden. Dazu gehören neben der richtigen Handhabung des Mikroskops auch das richtige Betrachten des mikroskopischen Bildes.

Für die richtige Einstellung und die Handhabung des Mikroskops sind folgende Grundregeln wichtig:

- Der Kondensor wird in die höchste Stellung gebracht und die Blende geöffnet. Um sich einen Überblick über das Untersuchungsobjekt zu verschaffen, durch Drehen am Objektivrevolver die kleinste Vergrößerung einstellen.
- Präparat so auflegen, dass das Objekt über der Öffnung des Objekttisches liegt.
- Unter seitlicher Betrachtung den Tubus mit dem Grobtrieb so weit senken bzw. den Objekttisch so weit anheben, bis sich das Objektiv kurz über dem Deckglas befindet.
- In das Okular schauen und durch Betätigung des Grobtriebes den Tubus so weit heben bzw. den Objekttisch so weit senken, bis das Bild scharf erscheint. Die endgültige Scharfeinstellung erfolgt durch Drehen am Feintrieb.
- Mithilfe der Blende Helligkeit und Kontrast des Bildes regulieren

- Durch vorsichtiges Verschieben des Objektträgers den besten Bildausschnitt auswählen.
- Sorgfältiges Betrachten des Objekts und je nach Vergrößerung mit Grob- oder Feintrieb die verschiedenen Ebenen oder Objektbereiche scharf stellen.
- Überblick verschaffen und eventuell zu stärkerer Vergrößerung durch Objektivwechsel unter Drehen des Objektivrevolvers übergehen.
- Beim Mikroskopieren stets mit einem (linken) Auge ins Mikroskop sehen, das andere (rechte) Auge offen halten und auf unendlich akkommodieren.
- Nach dem Mikroskopieren das Mikroskop gründlich säubern.

Beispiel

Beobachten Sie unter dem Mikroskop das mikroskopische Präparat von der Epidermis einer Küchenzwiebel! Stellen Sie Ihre Beobachtungsergebnisse schriftlich dar!

Bearbeitungsmöglichkeit

Bearbeitungshinweise: Zunächst wird das Präparat bei schwächerer Vergrößerung (100x) eingestellt und das Übersichtsbild betrachtet. Danach können bei stärkerer Vergrößerung entsprechende Details der Struktur der Epidermiszellen beobachtet werden.

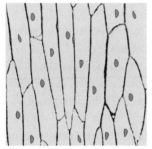
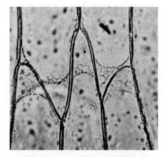

Mikroskopisches Bild der Epidermiszellen der Zwiebelschuppe von *Allium cepa*

A: Übersichtsbild (100-fache Vergrößerung)

B: Zellen mit Zytoplasma an den Zellenden (300-fache Vergrößerung)

Beobachtung

Bei schwächerer Vergrößerung zeigt sich das charakteristische Zellmuster der Epidermis: lang gestreckte, zylindrische Zellen, die von einer festen Zellwand umgeben sind. Die Zellwände zwischen benachbarten Zellen sind von Tüpfeln durchbrochen. Das Zytoplasma ist auf einen dünnen Wandbelag begrenzt. Größere Plasmaansammlungen befinden sich in den spitz zulaufenden Enden der Zellen (vgl. Abb. B). Im Zytoplasma befindet sich der Zellkern, der in der Regel an einer Wandfläche liegt. Er erscheint rundlich und besitzt eine feinkörnige Struktur. Das Zytoplasma ist durchscheinend und strukturlos. Bei weit geschlossener Blende sind im Zytoplasma deutlich weitere Einschlüsse verschiedener Größe und Gestalt zu erkennen.

Sicheres Arbeiten mit dem Mikroskop und richtiges Betrachten des mikroskopischen Bildes erfordert einige Übung. Dadurch können typische Anfängerfehler vermieden werden.

Auf den Punkt gebracht

Typische Anfängerfehler sind u. a.:
- zu hastiges, unsauberes Arbeiten,
- Verschmutzen und Beschädigen der Linsen der Objektive durch Wasser, Farblösungen oder Chemikalien,
- Luftblasen und Schmutzteilchen zwischen Objektträger und Deckglas,

Beschädigungen des Objektivs und des Präparates beim Arbeiten mit langen, stark vergrößernden Objektiven.

2.3 Anfertigen mikroskopischer Zeichnungen

Mikroskopische Zeichnungen werden grundsätzlich mit Bleistift (gut gespitzt, mittelhart) angefertigt. Sie sind möglichst groß anzulegen (etwa 2/3 bis 3/4 des zur Verfügung stehenden Raumes). Beim Zeichnen das Objekt genau betrachten, die Zeichnung ständig mit dem mikroskopischen Bild vergleichen und die Größen- und Lageverhältnisse genau einhalten. Zufälligkeiten (Luftblasen, Schmutzteilchen) nicht mitzeichnen. Linien deutlich mit feinen, dünnen Strichen zeichnen (nicht stricheln) und glatt durchziehen. Nach Fertigstellung des Entwurfs die Linien stärker nachziehen.

Die genaue und saubere Zeichnung sollte folgende Angaben enthalten:
- Namen und systematische Stellung des Objekts,
- Bezeichnung des Organs, der Gewebe, der Zelle, der Zellorganellen,
- benutzte mikroskopische Vergrößerung,
- eventuell Angaben über verwendete Chemikalien, z. B. Färbelösungen.

Geistig-praktische Arbeitstechniken und Lösungsstrategien / 113

Beispiel Zeichnen Sie die Zellen der Epidermis einer Küchenzwiebel *(Allium cepa)* mit den erkannten Zellbestandteilen und beschriften Sie die Zeichnung!

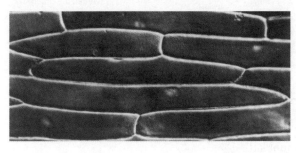

Mikroskopisches Übersichtsbild der Epidermis von *Allium cepa* (300x)

Bearbeitungsmöglichkeit

Bearbeitungshinweise: Für Übersichtszeichnungen (z. B. Stängelquerschnitte) genügen meist schematische Skizzen, die die Lage der Gewebe zeigen. Detailzeichnungen einer Zelle oder von Zellorganellen sollen charakteristische Zellmuster oder strukturelle Besonderheiten wiedergeben. Charakteristische Merkmale, wie z. B. die Stärke der Zellwand und die Struktur des Zellkerns sind genau zu zeichnen. Nicht scharf begrenzte Strukturen sind durch feine unterbrochene Linien oder Punktierungen anzudeuten.

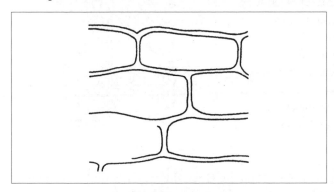

1. Schritt: Mit einem mittelharten Bleistift deutlich mit feinen, dünnen Strichen zunächst das charakteristische Zellmuster wiedergeben. Stark verdickte Zellwände einzelner Zellen werden durch doppelte Linien dargestellt.

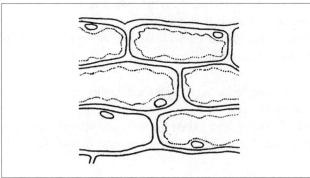

2. Schritt: Nicht scharf begrenzte Strukturen, wie z. B. das Zytoplasma, werden durch feine unterbrochene Linien oder Punktierungen angedeutet. Die Lage und Größe der erkannten Zellbestandteile sowie die Einhaltung der Proportionen (z. B. Verhältnis der Wanddicke zur Zellgröße) sind zu beachten.

114 ◆ Geistig-praktische Arbeitstechniken und Lösungsstrategien

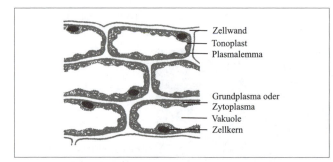

3. Schritt: Nach Fertigstellung des Entwurfs werden die Linien stärker nachgezogen, die erkannten Zellbestandteile entsprechend strukturiert und beschriftet.

Aufgabe 87 Die Abbildung zeigt den Laubblattquerschnitt vom Oleander.
Beobachten Sie mithilfe des Mikroskops den Querschnitt eines typischen Laubblattes (Dauerpräparat).
Fertigen Sie als Ergebnis Ihrer Beobachtung eine beschriftete Zeichnung eines Laubblattquerschnittes an!
Bestimmen Sie aus dem Blattbau des Oleander den natürlichen Lebensraum und begründen Sie Ihre Aussagen!
Vergleichen Sie die Laubblattquerschnitte des typischen Laubblatts und des Oleander.

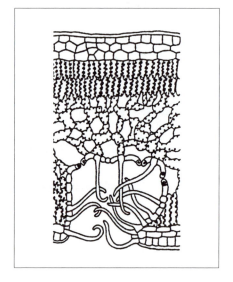

Aufgabe 88 Beobachten Sie mit dem Mikroskop die Querschnitte eines Laubmoosstämmchens und des Stängels einer Samenpflanze! Fertigen Sie von jedem Präparat eine schematische Skizze an und beschriften Sie diese!
Leiten Sie aus den Beobachtungsergebnissen Schlussfolgerungen auf den natürlichen Standort der entsprechenden Pflanzen ab!

Aufgabe 89 Die Abbildung zeigt unterschiedliche Stadien des Zellzyklus von Zellen der Wurzelspitze einer Zwiebelpflanze.
Identifizieren Sie typische Stadien und geben Sie ihre Lage durch Benennen des betreffenden Planquadrates (z. B. A7 ..., B3 ...,) an und ordnen Sie diese nach ihrer zeitlichen Abfolge!
Beschreiben Sie, welches Zellzyklusstadium am häufigsten vorkommt.

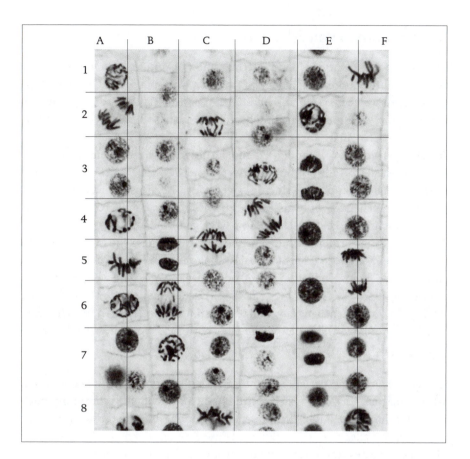

Auf den Punkt gebracht

Objekt genau betrachten und eventuell eine Übersichtsskizze anfertigen
- Zeichnung möglichst groß anlegen und deutlich mit dünnen Strichen zeichnen
- Zeichnung ständig mit dem mikroskopischen Bild vergleichen
- Größen- und Lageverhältnisse festhalten
- Zeichnung genau und sauber beschriften

3 Bestimmen von Pflanzen

Das Bestimmen dient der Identifizierung und Benennung der Organismenarten sowie ihrer Zuordnung zu entsprechenden systematischen Gruppen (Sippen). Bis zu welcher systematischen Kategorie (z. B. Klasse, Ordnung, Familie, Gattung, Art) die Bestimmung durchgeführt werden soll, hängt von der jeweiligen Aufgabenstellung ab.

In der Regel werden vollständige Exemplare der zu bestimmenden Art benötigt, da sie meist die zum Bestimmen notwendigen Merkmale an einem Exemplar aufweisen. Die Bestimmung einer Pflanzen- oder Tierart ist aber auch möglich, wenn entsprechende Körperteile oder Entwicklungstadien (z. B. Samen, Laubblätter, Früchte, Borke) typische Merkmale zeigen.

Die Bestimmung erfolgt nach dichotomen Bestimmungsschlüsseln, bei denen jeweils zwei Merkmale oder Merkmalskomplexe, die bei verschiedenen Arten unterschiedlich ausgebildet sind, einander gegenübergestellt werden. Als Bestimmungsliteratur eignen sich deshalb Bücher, die mit entsprechenden Schlüsseln oder Tabellen ein exaktes Bestimmungsverfahren ermöglichen (Rothmaler, Schmeil-Fitschen). Tachenbücher bzw. Naturführer sind nur bedingt geeignet.

Um das Bestimmungsverfahren richtig zu erlernen und sicher zu beherrschen, ist es zunächst notwendig, sich mit dem entsprechenden Bestimmungsbuch vertraut zu machen. Alle bekannteren Bestimmungsbücher enthalten im einleitenden Teil allgemein verständliche Hinweise und praktische Beispiele zum Gebrauch der Bestimmungstabellen sowie Übersichten über benutzte Abkürzungen, Verbreitung von Organismen, Bau der Organismen u. a. Erste Bestimmungsübungen sollte man an bekannten Blütenpflanzenarten durchführen, um den richtigen Bestimmungsweg zu ermitteln und den ermittelten Artnamen zu bestätigen.

Bei der exakten Bestimmung unbekannter Arten sind die folgenden Hinweise zu beachten:
- Bestimmen Sie von der höheren taxonomischen Kategorie (z. B. Ordnung) zu der niederen (Familie, Gattung, Art).
- Notieren Sie den Bestimmungsweg. Das hilft, eventuelle Fehler leichter zu finden und zu vermeiden.
- Lesen Sie den entsprechenden Bestimmungsschlüssel (1 und 1*, 2 und 2* usw.) und erfassen Sie die zwei sich gegenüberstehenden Merkmale.

1	Holzgewächse	2
1*	Krautige Pflanzen	23

- Prüfen und erkennen Sie das Vorhandensein oder Fehlen dieser Merkmale am Bestimmungsobjekt.
- Ordnen Sie aufgrund vorhandener Merkmale das Bestimmungsobjekt zu (z. B. 1) und schließen Sie gleichzeitig die Zugehörigkeit zu anderen Gruppen aufgrund fehlender Merkmale aus (z. B. 1*).
  Entscheiden Sie, unter welcher Ziffer weiterzulesen ist.
  Nichtübereinstimmung eines Merkmals kann einen Fehler beim Bestimmen anzeigen!
- Wiederholen Sie zur Kontrolle die Bestimmung und vergleichen Sie das Ergebnis mit entsprechenden Abbildungen aus Lehrbüchern, Naturführern und anderen Quellen.

Im folgenden Beispiel wird anhand eines ausführlichen Bestimmungsprotokolls der Bestimmungsweg für die Art Wald-Kiefer – *Pinus sylvestris* aufgezeigt und notiert.

Beispiel Bestimmen Sie die vorliegende Pflanze. Notieren Sie den Bestimmungsweg und geben Sie den deutschen und wissenschaftlichen Artnamen sowie die entsprechende Pflanzenfamilie an!

Bearbeitungsmöglichkeit

Bearbeitungshinweise: Zur Bestimmung können verschiedene Bestimmungsbücher mit **dichotomen Bestimmungsschlüssel** verwendet werden, z. B. Exkursionsflora, Gefäßpflanzen, Grundband. Hrsg. von M. Bäßler, J. Jäger und K. Werner, Gustav Fischer Verlag, Jena 1996.

1* → 2 Tabelle II: Nacktsamige Pflanzen weiter S. 75: Aufsuchen von Tabelle II	1. Schritt: Bestimmung der Hauptgruppe
1* → 2* → 3* → 4* → 6* Familie: Kieferngewächse – *Pinaceae* weiter S. 124: Kieferngewächse – *Pinaceae*	2. Schritt: Bestimmungsweg bis zum Auffinden der Pflanzenfamilie notieren
1* → 2 Gattung: Kiefer – *Pinus* weiter S. 126: Kiefer – *Pinus L.*	3. Schritt: Bestimmungsweg bis zum Auffinden des Artnamens notieren
1* → 3* → 4* → 5 → 6 deutscher Artname: **Wald-Kiefer**, **Föhre**, wissenschaftlicher Artname: *Pinus sylvestris L.*	4. Schritt: Angabe des Ergebnisses

Das folgende Beispiel zeigt die Bestimmung und taxonomische Einordnung einer Pflanzenart der Kreuzblütengewächse.

Beispiel

Bestimmen Sie die vorliegende Pflanzenart. Notieren Sie den Bestimmungsweg mit Bestimmungsnummern und entsprechenden Merkmalen. Weisen Sie die taxonomischen Kategorien aus.

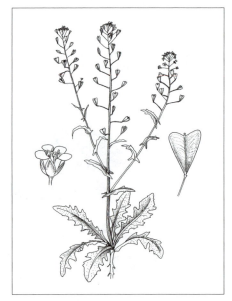

Bearbeitungsmöglichkeit

Bearbeitungshinweise: Bestimmung und taxonomische Einordnung am Beispiel einer Pflanzenart der Kreuzblütengewächse. Exkursionsflora, Gefäßpflanzen, Grundband. Hrsg. von M. Bäßler, J. Jäger und K. Werner, Gustav Fischer Verlag, Jena 1996.

1*	Pflanze mit Samen, die in Blüten erzeugt werden	1. Schritt: Bestimmung der Hauptgruppe (S. 72)
2*	Samenanlage in Fruchtknoten eingeschlossen (Bedecktsamige Pflanzen)	
3*	Blätter fieder- oder fingerförmig (Zweikeimblättrige Pflanzen)	
4*	Blüte in Kelch und Krone gegliedert	
5	Krone frei (Zweikeimblättrige Pflanzen mit freien Kronblättern) **Tabelle V**, S. 83	
1*	Land- oder Sumpfpflanze	2. Schritt: Bestimmung der Pflanzenfamilie: Tabelle V: Zweikeimblättrige Pflanzen mit freien Kronblättern (S. 83)
10*	Kräuter	
40*	Fruchtknoten ober- oder mittelständig	
46*	Fruchtknoten 1	
50	Kronblätter ungleich	
51*	Blüte am Grunde weder mit Sporn noch mit Höcker	
55*	Kronblätter frei	
56*	Kronblätter 4–6, Staubblätter frei	
27	4 längere und 2 kürzere Staubblätter, Kelch und Kronblätter je 4, Schötchen	

Familie: **Kreuzblütengewächse-Brassicaceae**, S. 203

1*	Frucht höchstens dreimal so lang wie breit (Schötchen) Tabelle B: Schötchenfrüchtige Kreuzblütengewächse, S. 207	3. Schritt: Bestimmung der Gattung mit Bestimmungsschlüssel Kreuzblütengewächse (S. 203)
	1 Kronblätter fehlend	
	2 Stängelblätter ungeteilt, Frucht ein flachgedrücktes Schötchen, Staubblätter 6, 4 oder 2	
	3* Schötchen verkehrtdreieckig, nicht geflügelt	

Gattung: **Hirtentäschel – *Capsella***, S. 223
Grundblätter rosettig, ungeteilt bis fiederspaltig
deutscher Artname: **Gewöhnliches Hirtentäschel**
wissenschaftlicher Artname: *Capsella bursa-pastoris* (L.) MED.

4. Schritt: Bestimmung der Pflanzenart mit Bestimmungsschlüssel Hirtentäschel (S. 223)

Reich:	Pflanzen
Stamm:	Samenpflanze
Unterstamm:	Bedecktsamer
Klasse:	Zweikeimblättrige
Ordnung:	Kapernstrauchartige
Familie:	Kreuzblütengewächse
Gattung:	Hirtentäschel
Art:	Gewöhnliches Hirtentäschel

5. Schritt: Einordnung in die taxonomischen Kategorien

Aufgabe 90 Bestimmen Sie mithilfe des vorliegenden Bestimmungsschlüssels die einheimischen Baumarten, deren Blätter und Früchte abgebildet sind.

Bestimmungsschlüssel für einheimische Baumarten:
1	Blätter in Einzelblättchen gefiedert oder gefingert	2
1*	Blätter nicht in Einzelblättchen unterteilt	6
2	Blätter gefiedert, Früchte Hülsen oder Flügelnüsse	3
2*	Blätter gefingert, Früchte in stachligen Schalen Gemeine Rosskastanie – *Aesculus hippocastanum L.*	
3	Blätter in weniger als 9 Fiederblättchen geteilt, Früchte Flügelnüsse Eschen-Ahorn – *Acer negundo L.*	
3*	Blätter in 9 bis 17 Fiederblättchen geteilt, Früchte Hülsen oder Beeren	4
4	Blätter mit Blattdornen am Blattgrund, Früchte Hülsen Robinie, Falsche Akazie – *Robinia pseudoacacia L.*	
4*	Blätter ohne Blattdornen am Blattgrund, Früchte Flügelnüsse oder Beeren	5
5	Blüten gelbweiß, Früchte rote Beeren Eberesche, Vogelbeere – *Sorbus aucuparia L.*	
5*	Blüten unscheinbar, Früchte Flügelnüsse, schon vor der Blattentfaltung blühend Gemeine Esche – *Fraxinus excelsior L.*	
6	Blattfläche in sich ungeteilt	8
6*	Blattfläche gebuchtet oder gelappt	7
7	Blätter gelappt, Früchte Flügelnüsse Spitz-Ahorn – *Acer platanoides L.*	
7*	Blattfläche gebuchtet, Früchte in Bechern Stiel-Eiche – *Quercus robur L.*	

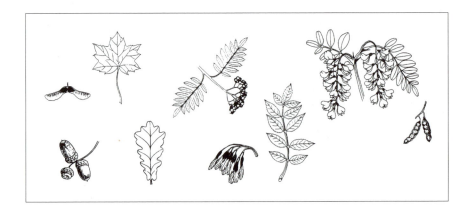

Aufgabe 91 Bestimmen Sie mithilfe des vorliegenden Bestimmungsschlüssels die Baumarten der Gattung Ahorn.

Bestimmungsschlüssel der Gattung Ahorn:
1   3 bis 7 Blattlappen mit runden Blatteinschnitten   2
    Doppelte Flügelnüsse waagerecht oder im stumpfen Winkel
1* Immer 5 Blattlappen mit spitzen Blatteinschnitten
    Doppelte Flügelnüsse im spitzen Winkel
    Berg-Ahorn – *Acer pseudo-platanus L.*
2   Blätter mit spitzen Zähnen und runden Blatteinschnitten, doppelte
    Flügelnüsse im stumpfen Winkel
    Spitz-Ahorn – *Acer platanoides L.*
2* Blätter nicht mit spitzen Zähnen, aber mit wenig abgerundeten Blatteinschnitten, doppelte Flügelnüsse waagerecht
    Feld-Ahorn – *Acer campestre L.*

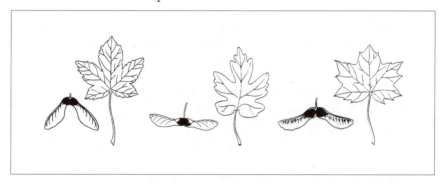

Aufgabe 92 Ermitteln Sie mithilfe geeigneter Bestimmungsliteratur für die Schwarzkiefer *(Pinus nigra)* die systematischen Kategorien und notieren Sie einen möglichen Bestimmungsweg.

Aufgabe 93 Die abgebildeten Pflanzen sind Vertreter der Familie der Kreuzblütengewächse. Bestimmen Sie anhand der Pflanzenmerkmale mit der nachfolgenden Bestimmungstabelle die Artnamen der beiden Pflanzen.

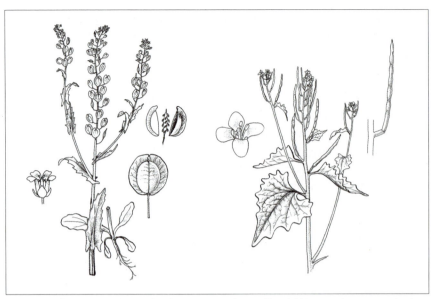

A: Blüten weiß, Früchte rund, Stängel und Blätter ohne Haare.

B: Blüten gelb, Kelchblätter stehen waagerecht ab, Schote, Blätter kurzgestielt und eiförmig-lanzettlich.

Bestimmungsschlüssel für Kreuzblütengewächse:
1   Blüten weiß, Früchte viel breiter als lang   2
1* Blüten gelb, Früchte viel länger als breit   3
2   Stängel und Blätter mit Haaren, Blüten klein, Früchte dreieckig bis herzförmig, etwa 5 mm groß
    Gewöhnliches Hirtentäschel – *Capsella bursa-pastoris*
2* Stängel und Blätter ohne Haare, Blüten klein, Früchte rund, manchmal etwa pfenniggroß
    Acker-Hellerkraut – *Thlaspi arvense*
3   Früchte vom Stängel abstehend, Kronblätter bis 6 mm lang   4
3* Früchte am Stängel dicht anliegend, Blüten klein, Kronblätter bis 3 mm lang
    Wege-Rauke – *Sisymbrium officinale*
4   Kelchblätter aufrecht stehend, den Kronblättern anliegend, grün, Schoten perlschnurartig eingeschnürt
    Hederich – *Raphanus raphanistrum*
4* Kelchblätter waagerecht. Von den Kronblättern abstehend, gelblich-grün, Schote nicht eingeschnürt
    Acker-Senf – *Sinapis arvensis*

Aufgabe 94 Bestimmen Sie die vorliegende Pflanze unter Verwendung der Abbildungen und der aufgeführten Merkmale. Notieren Sie den Bestimmungsweg, den deutschen und wissenschaftlichen Artnamen sowie die Pflanzenfamilie.

Merkmale: 30 bis 40 m hoher Baum, graue bis braune Rinde, weiche, dünne Nadeln, hellgrün, in Büscheln an Kurztrieben der Zweige, Nadeln werden vor dem Winter abgeworfen, männliche und weibliche Blüten in Blütenständen.

Aufgabe 95 Sammeln Sie vom Straßenrand, einem Feld oder einer Wiese je eine Pflanze der Familie der Kreuzblütengewächse, der Schmetterlingsblütengewächse und der Lippenblütengewächse (vgl. Abbildungen).
Untersuchen Sie die gesammelten Pflanzen und ordnen Sie diese anhand der typischen Merkmale den entsprechenden Pflanzenfamilien zu.
Bestimmen Sie mithilfe eines Bestimmungsbuches (Rothmaler, Schmeil-Fitschen, Brohmer) den deutschen und wissenschaftlichen Artnamen der einzelnen Pflanzen.

Merkmale der Kreuzblütengewächse:
4 Kelchblätter, 4 Kronblätter,
6 Staubblätter (die beiden äußeren
sind kürzer als die vier inneren),
oberständiger Fruchtknoten,
2 Fruchtblätter,
Früchte: Schoten oder Schötchen

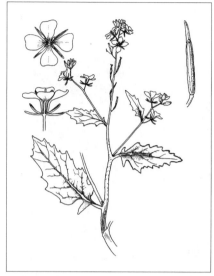

A: Blüte weiß, lange Schoten, langgestielte und nieren-herzförmige Blätter, riechen beim Zerreiben nach Knoblauch

Merkmale der Schmetterlingsblütengewächse:
5 Kelchblätter, 5 Kronblätter (mit
Fahne, Flügel und Schiffchen),
10 Staubblätter, 1 Fruchtblatt,
Früchte: Hülse, zusammenge-
setzte Laubblätter

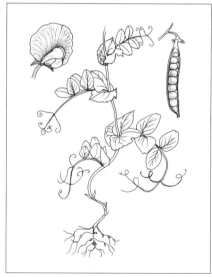

B: Krautige Pflanze, Blüte weiß, Kelch 5-zipflig, Blätter paarig gefiedert mit Ranken, Nebenblätter größer als Blättchen

Merkmale der Lippenblütengewächse: 5 Kelchblätter, 5 miteinander verwachsene Kronblätter (drei bilden die Unterlippe, zwei die Oberlippe), 4 Staubblätter, 2 Fruchtblätter, vierteiliger Fruchtknoten zerfällt in vier Teilfrüchte, kreuzgegenständige Blätter, Stängel vierkantig und hohl

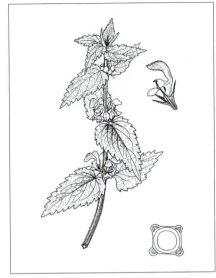

C: Blüte weiß, Oberlippe helmförmig, 4 Staubblätter (2 lange, 2 kurze), Kelch mit 5 gleichen Zähnen

Auf den Punkt gebracht

Beginnen Sie mit einer genauen Beobachtung des Bestimmungsobjekts.
- Berücksichtigen Sie stets alle im Bestimmungsschlüssel genannten Merkmale und Aussagen.
- Prüfen Sie am Bestimmungsobjekt, welche genannten Merkmale und Aussagen zutreffen.
- Entscheiden Sie dann, unter welcher Ziffer weiterzulesen ist.
- Wiederholen Sie zur Kontrolle die Bestimmung.

Lösungen

Aufgabe 1
1. **Beschreiben** von Stoffkreislauf und Energiefluss in einem Teich und/oder Weiher **unter Verwendung beschrifteter Schemata**
Erläutern der Gründe, warum die Einleitung organischer Substanzen diese Gewässer belastet
Nennen von zwei Möglichkeiten der Verbesserung der Wasserqualität
2. **Beschreiben** der Symptome der Sichelzellanämie
Erklären, wieso diese Krankheit in bestimmten Gebieten Afrikas gehäuft auftritt
Erläutern der molekularbiologischen Ursachen der Krankheit
Beschreiben einer Untersuchungsmethode, durch die homo- oder heterozygote Träger der Erbkrankheit festgestellt werden können

Aufgabe 2
1. **Beschreiben** des Zustandekommens des Ruhepotenzials:
Messbare Potenzialdifferenz von −70 mV an nichterregter Nervenzelle (Membraninnenseite negativ), unterschiedliche Permeabilität der Membran für Ionen, unterschiedliche Ionen-Konzentrationsverhältnisse an der Innen- bzw. Außenseite der Membran, beteiligte Ionen: Kaliumionen, Natriumionen, Chloridionen, organische Anionen
Membran durchlässig für Kaliumionen, Permeabilität für Natrium- und Chloridionen gering, Kaliumionen (aufgrund des Konzentrationsgefälles) diffundieren nach außen, große, negative organische Anionen bleiben in der Zelle, Aufbau einer Potenzialdifferenz
Beschreiben der Aufrechterhaltung des Ruhepotenzials:
Aktiver Ionenrücktransportmechanismus eindiffundierender Natriumionen und ausdiffundierender Kaliumionen entgegen dem jeweiligen Konzentrationsgefälle, Kalium-Natrium-Pumpe, Verbrauch von ATP-Energie
Erläutern des Ablaufs eines Aktionspotenzials:
- Depolarisation: überschwelliger Reiz, Änderung der Permeabilität der Membran für Natriumionen, Natriumeinstrom, Zunahme der positiven Ladungen, zunehmende Depolarisation, Potenzialumkehr
- Repolarisation: Permeabilität der Membran für Natriumionen sinkt, für Kaliumionen steigt, positive Kaliumionen gelangen nach außen, weniger

Natriumionen nach innen, Herstellung des negativen Wertes des Ruhepotenzials
- Hyperpolarisation: Kaliumionenausstrom so groß, dass Repolarisation kurz über das Ruhepotenzial hinausgeht
- Wiederherstellung des Ruhepotenzials: Natium-Kalium-Pumpe stellt Ausgangsbedingungen wieder her

Beschreiben der molekularbiologischen Vorgänge an der synaptischen Membran:
präsynaptische Membran, postsynaptische Membran, Endknöpfchen, synaptischer Spalt, synaptische Bläschen, Neurotransmitter, Aktionspotenzial öffnet Calciumporen, Bläschen mit Neurotransmitter verschmelzen mit präsynaptischer Membran, Neurotransmitter in den synaptischen Spalt, Rezeptoren der postsynaptischen Membran werden besetzt, Natriumkanäle werden geöffnet, Natriumionen strömen in die Zelle, Depolarisation, Enzym spaltet Neurotransmitter, Natriumporen werden geschlossen

Erläutern der Wirkung von Giftstoffen auf die Erregungsübertragung und und Muskelkontraktion an zwei Beispielen:
Beispiel 1: Botulinumgift, hemmt Freisetzung von Neurotransmitter Acetylcholin, keine Erregungsübertragung, Lähmungen, tödlich
Beispiel 2: Pfeilgift Curare, reversible Blockierung der Neurotransmitterrezeptoren der postsynaptischen Membran, geschlossene Natriumionenporen, keine Depolarisierung, Lähmungen

2. **Nennen** der meteorologischen und edaphischen Faktoren:
Für Pflanzen sind hauptsächlich solche Faktoren wichtig, die für den Ablauf der Fotosynthese bedeutsam sind.
- Meteorologische Faktoren: z. B. Licht (Sonneneinstrahlung), Lufttemperatur, Niederschlag, Luftfeuchtigkeit, Luftdruck, Kohlenstoffdioxidgehalt der Luft, Luftbewegung
- Edaphische Faktoren: Wassergehalt des Bodens, Mineralstoffgehalt, pH-Wert des Bodens, Humusgehalt

Interpretieren der Wirkung ausgewählter Faktoren:
Wirkung meteorologischer Faktoren, z. B.:
- Licht: Beeinflussung der Fotosynthese, Wirkung auf die Pflanzengestalt, Beeinflussung der Blütenbildung, Keimung
- Temperatur: Beeinflussung der Reaktionsgeschwindigkeit von Fotosynthese und Atmung, RGT-Regel, Temperaturtoleranz, Beeinflussung von Wachstum und Entwicklung
- Kohlenstoffdioxidgehalt der Luft: begrenzender Faktor der Fotosynthese

Wirkung edaphischer Faktoren, z. B.:
- Wassergehalt des Bodens: Anpassung der Pflanzen an den Faktor Wasser (Hydro-, Hygro-, Meso- und Xetrophyten), morphologische Merkmale der Pflanzentypen
- Mineralstoffgehalt des Bodens: im Bodenwasser gelöst, Haupt- und Spurenelemente, Minimumgesetz, stickstoffliebende Pflanzen, Zusammenhang Mineralstoffgehalt und pH-Wert
- pH-Wert des Bodens: Zeigerpflanzen, Säurezustand und Kalkgehalt des Bodens (sauer – neutral – basisch)

Vergleichen des Nahrungsbedarfs von Tiger und Zwergspitzmaus unter energetischem Aspekt:
- Tiger: verbraucht im Verhältnis zum Körpergewicht 1/25 an Nahrung
- Zwergspitzmaus: benötigt das Doppelte des Körpergewichts an Nahrung
- Im Verhältnis zum Körpergewicht benötigt der Tiger weniger Nahrung
- Energiebedarf der Zwergspitzmaus größer

Ableiten von entsprechenden Schlussfolgerungen:
Körpervolumen im Verhältnis zur Oberfläche bei der Zwergspitzmaus größer, beim Tiger kleiner, Wärmeabstrahlung bei der Zwergspitzmaus größer, beide Tiere homoiotherme Tiere, kleine Tiere haben aber relativ zu ihrer Körpermasse den höheren Energieumsatz

Aufgabe 3 **Gegliederte Stoffsammlung:**

Gefäß I: Hefezellen, verdünnte Glucoselösung ($C_6H_{12}O_6$), luftdicht (ohne O_2), Abbauprozess, unvollständig, Kohlenstoffdioxid und Alkohol entstehen.	Beschreibung des Verlaufs des Experiments im Gefäß I und Gefäß II
Gefäß II: Hefezellen, verdünnte Glucoselösung ($C_6H_{12}O_6$), Gefäß offen (mit O_2), Abbauprozess, vollständig, Wasser und Kohlenstoffdioxid entstehen.	
Gefäß I: unvollständiger Abbau ohne Sauerstoff = alkoholische Gärung	Benennung der jeweils ablaufenden Vorgänge
Gefäß II: vollständiger Abbau = Atmung	
Gefäß I: alkoholische Gärung: Glucose ⟶ Ethanol + Kohlenstoffdioxid	Angabe der Bruttogleichungen
Gefäß II: Zellatmung: Glucose + Sauerstoff ⟶ Wasser + Kohlenstoffdioxid	
Beide Vorgänge in einer Tabelle vergleichen: Gemeinsamkeiten und Unterschiede, Reaktionsprodukte, Reaktionsbedingungen.	Vergleich der beiden Vorgänge
In der Stoffsammlung fehlen zu allen drei Teilaufgaben die Angaben zu der zu erwartenden Energiebilanz der biochemischen Vorgänge in Gefäß I und II. Bei beiden biochemischen Reaktionen handelt es sich um Abbauvorgänge, bei denen Energie freigesetzt wird (exergonisch). Dabei ist zu beachten, dass bei voll-	Vergleich von gegliederter Stoffsammlung und Aufgabenstellung

ständigem Abbau (Atmung) mehr Energie freigesetzt wird. Ein Teil der Energie wird bei beiden Vorgängen an ATP gebunden, der größte Teil wird jedoch in Form von Wärmeenergie freigesetzt. Bei der Angabe der Bruttogleichungen sind entsprechend konkrete Angaben zu $\Delta G = -$ zu ergänzen (alkoholische Gärung: $\Delta G = -234$ KJ/mol; Atmung: $\Delta G = -2\,875$ KJ/mol).

Beim Vergleich der beiden Vorgänge ist deutlich herauszuarbeiten, dass bei beiden Vorgängen Energie freigesetzt wird. Es muss jedoch deutlich gemacht werden, dass beim vollständigen Abbau pro Mol Glucose (Zellatmung) wesentlich mehr Energie freigesetzt und in Form von ATP gespeichert wird. Bei der alkoholischen Gärung wird Glucose nur unvollständig zu Ethanol abgebaut, damit wird weniger Energie frei und als ATP gespeichert.

Im Gefäß I ist zu erwarten, dass unter Luftabschluss die Hefezellen Glucose unvollständig zu Ethanol abbauen. Dabei wird Kohlenstoffdioxid frei. Bei der alkoholischen Gärung werden pro Mol Glucose 234 KJ Energie freigesetzt. Dabei wird nur ein kleiner Teil der frei werdenden Energie in Form von ATP gebunden (59 KJ/mol), der größte Teil der Energie wird als Wärme frei. Im Gefäß I läuft die alkoholische Gärung ab.

Darstellen der Antwort

Im Gefäß II erfolgt die Atmung. Dabei wird die Glucoselösung durch die Hefezellen vollständig zu Wasser und Kohlenstoffdioxid abgebaut, da Sauerstoff vorhanden ist. Es werden 2 875 KJ /mol Glucose freigesetzt, davon werden 1 044 KJ/mol Glucose in ATP festgelegt.

Bruttogleichung der alkoholischen Gärung:
$C_6H_{12}O_6 \longrightarrow 2\,C_2H_5OH + 2\,CO_2 \quad \Delta G = -234$ KJ/mol

Bruttogleichung der Atmung:
$C_6H_{12}O_6 + 6\,O_2 + 6\,H_{12}O \longrightarrow 6\,CO_2 + 12\,H_2O$
$\Delta G = -2\,875$ KJ/mol

	Atmung	Alkoholische Gärung
Gemeinsamkeiten:	Abbau organischer energiereicher Ausgangsstoffe (Glucose) unter Energiefreisetzung	
Unterschiede:		
• Energiemenge	$\Delta G = -2\,875$ KJ/mol	$\Delta G = -234$ KJ/mol
• Verhältnis zu O_2	vorhanden	nicht vorhanden
• Reaktionsprodukte	anorganische energiearme Verbindungen (CO_2, H_2O)	noch energiereiche organische Verbindungen (Ethanol)
• Abbauweg	vollständig	unvollständig

Vergleich beider Vorgänge in Form einer Tabelle

Aufgabe 4 In der Alltagssprache wird unter Umwelt oft der gesamte Nahbereich der Außenwelt eines Organismus verstanden. Umwelt wird mit dem Begriff „Umgebung" gleichgesetzt. Dies bedeutet, dass in einem Lebensraum vorkommende Organismen in etwa die gleiche Umwelt hätten.
In der Ökologie versteht man unter Umwelt nur den Teil der Außenwelt, der für das Individuum (oder die Population, die Art) durch regelmäßige Wechselwirkungen relevant ist. Hier ist die Umwelt also artspezifisch. Je komplexer ein Organismus in Bau und Funktion ist, umso komplexer ist auch seine Umwelt. Weibchen des Eichenrüsslers legen Eier im Inneren von Eicheln ab. Damit gehört der Käfer zur Umwelt des Baums und umgekehrt. Eichelhäher, die Eicheln fressen, gehören zur Umwelt beider Arten, ebenso wie bestimmte Grundfaktoren (Temperatur). Duftstoffe, an denen sich die Käfer orientieren, sind dagegen für die Eiche nicht direkt von Bedeutung. Holzböcke treten mit keiner der beiden Arten in Wechselbeziehung und gehören daher auch nicht zu ihrer Umwelt, obwohl sie im gleichen Ökosystem vorkommen.

Aufgabe 5
1. Hier ist die Umfangsgleichheit nicht gegeben. Der erste Teil ist zu weit gefasst, der zweite dagegen zu eng.
Besser: Eine Symbiose ist eine Wechselbeziehung verschiedenartiger Organismen, die sich in ihren Lebensprozessen gegenseitig fördern.
2. Die Aussage ist von einer Verneinung bestimmt, also nicht geeignet.
Besser: Eukaryoten sind Lebewesen, die aus einer oder mehreren Zellen mit einem echtem Zellkern und weiteren Kompartimenten bestehen.
3. Hier handelt es sich lediglich um eine Aufzählung von Beispielen, nicht um eine Definition.
Besser: Hormone sind körpereigene Signalstoffe, die (meist) von speziellen Drüsen produziert werden und an speziellen Zielzellen eine Wirkung auslösen.

Aufgabe 6

		Werden neue Gruppenmitglieder akzeptiert?	
		offen	geschlossen
Kennen sich die Gruppenmitglieder individuell?	anonym	Heringsschwarm	Staaten der Honigbiene
	individualisiert	Brutkolonien einiger Vogelarten	Wolfsrudel

Aufgabe 7

- **Langtagpflanzen** sind Pflanzen, die erst bei Überschreiten einer kritischen Tageslänge von der vegetativen zur generativen Phase (Blütenbildung) übergehen. Klassifizierung nach dem Fotoperiodismus!
- **Mesophyten** bilden einen ökologischen Pflanzentyp, der anatomisch an ein mittleres Wasserangebot angepasst ist. Klassifizierung nach der Anpassung an den Umweltfaktor Wasser!
- **Bedecktsamer** sind Samenpflanzen, bei denen die Samenanlagen in einem Fruchtknoten eingeschlossen sind. Klassifizierung nach der Blütenanatomie!
- **Produzenten** bilden eine funktionelle Gruppe innerhalb eines Ökosystems, die in der Lage ist, autotroph zu assimilieren. Klassifizierung nach Stellung in der Nahrungskette!

Aufgabe 8

Der **morphologische Artbegriff** ist vor allem pragmatisch begründet. Er betont die Gestalt (aber auch physiologische oder biochemische Merkmale) zur Unterscheidung der Arten. In der Taxonomie wird er genutzt, um Arten zu beschreiben bzw. um ein Individuum einer bestimmten Art zuzuordnen. Diese Definition erklärt aber nicht, warum Arten sich nicht vermischen, sondern genetisch getrennt voneinander existieren.

Der **biologische Artbegriff** beantwortet diese Frage. Er geht von der Tatsache aus, dass zwischen Individuen verschiedener Arten Fortpflanzungsbarrieren bestehen, die eine erfolgreiche Kreuzung verhindern. Angehörige einer Art können sich dagegen (zumindest potenziell) miteinander kreuzen. Bei einigen Organismengruppen stößt diese Definition an Grenzen. Bakterien pflanzen sich durch Zweiteilung (also ungeschlechtlich) fort. Andererseits sind sie aber auch zum horizontalen Genaustausch durch Konjugation fähig. Die auf den Plasmiden lokalisierten Gene können so von einem Individuum auf ein anderes übertragen werden. Dabei existiert praktisch keine Schranke zwischen den Arten.

Als **Rassen** bezeichnet man systematische Gruppen unterhalb der Art. Sie können sich morphologisch stark unterscheiden (siehe Hunderassen), sind aber immer noch in der Lage, miteinander fruchtbare Nachkommen hervorzubringen. Sie besitzen daher einen gemeinsamen Genpool.

Aufgabe 9

Statistische Aussage:

Zellen nehmen in hypotoner Umgebung Wasser auf. Ein einzelnes Wassermolekül kann die Zelle auch unter den genannten Bedingungen verlassen. Erst in der Bilanz aller Bewegungen von Wassermolekülen durch die Membran ergibt sich der Wassereinstrom in die Zelle.

Dynamische Aussage:
Die Basen Adenin und Thymin bzw. Guanin und Cytosin stimmen im Genom eines Lebewesens jeweils anteilsmäßig überein (Chargaff-Regel). Diese Basen sind komplementär, gehen also nur in diesen Paarungen miteinander Bindungen im DNA-Doppelstrang ein.

Aufgabe 10 Die Bergmann'sche Regel besagt: Innerhalb eines Verwandtschaftskreises **gleichwarmer** Tiere sind die in kälteren Klimaten lebenden Tiere größer als die in wärmeren Regionen.
Eidechsen sind wie alle Reptilien wechselwarm. Auf sie ist die Gültigkeitsbedingung „gleichwarme Tiere", und damit auch die Bergmann'sche Regel, nicht anwendbar. Es existiert also auch kein Widerspruch.

Aufgabe 11

Regel	Beispiele
Biogenetische Grundregel: Ein Individuum wiederholt in seiner ontogenetischen Entwicklung Etappen der phylogenetischen (stammesgeschichtlichen) Entwicklung seiner Art.	Anlage von Kiementaschen und unvollständig getrennter Blutkreislauf bei Säugetierembryonen.
Alles-oder-nichts-Gesetz: Bei der Reizung eines Neurons oder Rezeptors wird ein Aktionspotenzial entweder vollständig oder gar nicht ausgebildet.	Geräusche mit einer Intensität unterhalb der Hörschwelle führen nicht zur Depolarisation.
Dritte Lotka-Volterra-Regel: Werden in einem Räuber-Beute-System beide Populationen im gleichen Verhältnis dezimiert, nimmt die Beutepopulation nach dem Eingriff schneller wieder zu als die Räuberpopulation.	Negative Folgen chemischer Insektenbekämpfung (Massenvermehrung des Schadinsekts infolge des Rückgangs natürlicher Feinde).

Aufgabe 12
1. In Idealpopulationen besteht ein stabiles Gleichgewicht zwischen den Häufigkeiten der Allele. Eine Population erfüllt die Bedingung Idealpopulation,
   - wenn sie hinreichend groß ist, um Zufallsschwankungen auszuschließen.
   - wenn sie panmiktisch ist, also jedes Individuum gleiche Paarungschancen mit jedem potenziellen Partner hat.
   - wenn sie frei von Mutation und Selektion ist.

   Unter diesen Voraussetzungen gilt für ein Allelpaar Aa das folgende Hardy-Weinberg-Gleichgewicht der Genotypen: $p^2 + 2pq + q^2 = 1$
   (p = Häufigkeit von A, q = Häufigkeit von a)

2. PKU wird durch den Genotyp aa hervorgerufen und tritt mit einer Häufigkeit von 1 : 10 000 auf. Die Häufigkeit der Allele berechnet sich damit aus

$q^2 = 0{,}0001$ $\quad\quad q = \sqrt{0{,}0001} \quad\quad q = 0{,}01$

$p = 1-q$ $\quad\quad p = 1-0{,}01 \quad\quad p = 0{,}99$

Die drei Genotypen treten also mit den folgenden Häufigkeiten auf:

aa = q^2 = 0,0001

AA = p^2 = 0,9801

Aa = $2pq$ = 2 · 0,01 · 0,99 = 0,0198

Etwa jede fünfzigste Person ist heterozygoter Träger des PKU-Allels.

3. In realen Populationen sind die Bedingungen einer Idealpopulation nicht gegeben.

In kleinen Populationen spielt die Gendrift als Zufallsfaktor eine bedeutende Rolle. Bei einer kleinen, isolierten Mäusepopulation kann durch einen Zufall eine seltene Fellfarbe gehäuft auftreten, wenn beispielsweise bei einem Brand viele Träger der Normalfarbe sterben.

Je größer die Population andererseits wird, umso mehr nimmt schon aus räumlichen Gründen die Panmixie ab. Mäuse, die sich räumlich näher sind, pflanzen sich mit höherer Wahrscheinlichkeit miteinander fort als weit entfernt lebende (Inzuchteffekt).

Da Mäuse nicht ortsgebunden sind, kann eine zunehmende Populationsdichte Wanderungen auslösen, die das Allelgleichgewicht verändern.

Hinzu kommt, dass viele Allele die Fitness ihrer Träger beeinflussen. Über die natürliche Selektion werden Allele ausgelesen, die die Überlebenschancen ihrer Träger mindern. Dies trifft etwa auf Tiere zu, die durch einen Enzymdefekt schlechter verdauen. Sexuelle Auslese benachteiligt Allele, die die Konkurrenzfähigkeit ihrer Träger gegenüber gleichgeschlechtlichen Artgenossen herabsetzen.

Außerdem ist jede reale Population Mutationen unterworfen, die den Genpool ständig verändern. Mausweibchen reagieren u. a. auf männliche Sexualpheromone. Ein mutationsbedingter Ausfall der Pheromonbildung würde die Fortpflanzungschancen der Männchen mindern.

Aufgabe 13
1. Ultimate Erklärung, weil Bezug auf Fitness
2. Proximate Erklärung, Hormone wirken aktuell
3. Ultimate Erklärung, Schutz vor Fressfeinden erhöht die Fitness

Aufgabe 14

Proximate Erklärung:
Rot- und Blautöne werden vor allem durch Anthocyane verursacht, gelbe Farben häufig durch Flavone. Diese sekundären Pflanzenstoffe sind im Zellsaft der Vakuolen gespeichert. Bei einigen Pflanzen geht die gelb-rote Blütenfärbung auch auf Carotinoide in Chromoplasten zurück.

Ultimate Erklärung:
Zwischen Blütenpflanzen und Insekten hat in der Erdgeschichte eine Koevolution stattgefunden. Nektar suchende Insekten übernehmen bei ihrem Flug von Blüte zu Blüte die Übertragung des Pollens. Die Signalwirkung farbiger Kronblätter war ein Selektionsvorteil für die betreffenden Pflanzen.

Aufgabe 15

Die beschriebenen Beobachtungen wurden bei Attrappenversuchen gemacht. Dabei wird die verhaltensauslösende Wirksamkeit von Reizen oder Reizkomponenten getestet. Durch schrittweise Abwandlung der natürlichen Reizsituation kann ermittelt werden, auf welche Reizqualitäten und -quantitäten ein angeborener oder erlernter Auslösemechanismus anspricht.

1. Runde Gegenstände in Nestnähe wirken auf die Graugänse als Eiattrappe. Das Einrollen hat unter natürlichen Bedingungen die Funktion, aus dem Nest gerollte Eier zurückzuholen. Dabei wirken große Attrappen besonders attraktiv (übernormale Auslöser). Der Vollzug auch bei zwischenzeitlicher Entfernung der Attrappe ist typisch für Erbkoordinationen.
2. Gegenstände mit rot gefärbter Unterseite wirken als Männchenattrappe (Stichlingsmännchen haben während der Fortpflanzungszeit einen rot gefärbten Bauch). Der Angriff dient der Vertreibung des vermeintlichen Rivalen. Revierbesitzende Männchen haben eine größere Motivation zur aggressiven Reaktion als Fische in einer fremden Umgebung.
3. Die horizontal bewegte längliche Attrappe wirkt (bis zu einer bestimmten Größe) als Schlüsselreiz für das Beutefangverhalten der Erdkröten. Würmer werden anhand eines solchen einfachen Musters detektiert. Die Schnappreaktion ist abhängig von der Reizqualität und von der Motivation. Letztere steigt mit dem Hunger an.

In allen drei Beobachtungen wird das Prinzip der doppelten Quantifizierung deutlich. Die Auslösung der erbkoordinierten Endhandlung wird durch Schlüsselreize und Motivation (Brutperiode, eigenes Territorium, Hunger) beeinflusst.

Aufgabe 16 Beide Theorien gehen von einer evolutionären Entwicklung aus, deren Ursachen in der Umwelt der Organismen begründet sind. Unterschiedliche Auffassungen bestehen hinsichtlich der Wirkmechanismen.

Lamarckistischer Ansatz:

Tiere und Pflanzen haben sich aufgrund innerer Bedürfnisse *(„sentiments interieurs")* schrittweise immer vollkommener an ihre Umwelt angepasst.

Beuteltiere hatten in der Vergangenheit immer wieder Kontakt mit der giftproduzierenden Erbse. Zum Giftabbau wurde ein bestimmter Stoffwechselweg besonders stark beansprucht (häufiger Gebrauch) und dadurch perfektioniert. Diese erworbene Eigenschaft haben die Vorfahren der heutigen Beuteltiere weiter vererbt. Säugetiere anderer Kontinente waren nicht mit dem Gift konfrontiert. Sie konnten daher kein Bedürfnis zu dessen Abbau entwickeln.

Darwinistischer Ansatz:

Tiere und Pflanzen unterliegen einer natürlichen Auslese *(„natural selection")*, da ihr Fortpflanzungspotenzial das Ressourcenangebot übersteigt.

Unter den Vorfahren der Beuteltiere gab es eine unterschiedliche Toleranz gegenüber dem Gift von *Gastrolobium*. Die Tiere mit der besseren Resistenz hatten größere Überlebens- und Fortpflanzungschancen *(„survival of the fittest")*. Auf diese Weise konnte eine erblich verankerte Resistenz entstehen, sich ausbreiten und durchsetzen. Die Vorfahren der eingeschleppten Säugetiere waren nicht dem gleichen Selektionsdruck ausgesetzt. Daher waren eventuell vorhandene Ansätze eines ähnlichen Abbauweges nicht mit einem Fitnessvorteil verbunden.

Aufgabe 17
1. Die Voraussage muss nicht überprüft werden. Sie beruht auf einem als wahr bekannten gesetzmäßigen Zusammenhang, der Chargaff-Regel (Basenbindungsregel).
2. Diese Voraussage beruht auf drei Hypothesen:
   - Das Allel für schwarz ist dominant gegenüber dem für weiß.
   - Die Wirbelbildung wird intermediär vererbt.
   - Beide Gene liegen auf verschiedenen Chromosomen, sind also frei kombinierbar.

   Ob die Annahmen der Wahrheit entsprechen, kann in Kreuzungsversuchen ermittelt werden. Dabei muss aber der statistische Charakter der dritten Mendel'schen Regel berücksichtigt werden.

Aufgabe 18
1. Die Zunahme der organischen Belastung verbessert zunächst die Wachstums- und Vermehrungsbedingungen der Bakterien, da sie gelöste organische Stoffe verwerten. Allerdings ist die verstärkte Dissimilation mit einer starken Sauerstoffzehrung verbunden. Wird die Belüftung nicht intensiviert, ist mit einer Verschiebung des Destruentenspektrums zugunsten anaerober Formen zu rechnen.
2. Sinkende Temperaturen verlangsamen gemäß der RGT-Regel den Stoffwechsel der Bakterien. Es ist also eine verringerte Klärleistung zu erwarten.
3. Schwermetallionen wirken als Gifte, weil sie die Tertiärstruktur von Eiweißen verändern und damit auch lebenswichtige Enzyme nichtkompetitiv hemmen. Die Schwermetallbelastung des Abwassers wird also zum Absterben von Bakterien, im Extrem zum Ausfall der Klärstufe führen.

Aufgabe 19 Stichwortkatalog zu Abbildung A:
- Ausschnitt aus Blattquerschnitten
- Ökologische Blatttypen
  a) dicke Kutikula, eingesenkte Spaltöffnungen
  b) keine Kutikula erkennbar, Spaltöffnung herausgehoben
  c) Kutikula schwach ausgebildet (aber erkennbar), Spaltöffnung auf Epidermisniveau
- Vermutung a) xeromorph, b) hygromorph, c) mesomorph

Stichwortkatalog zu Abbildung B:
- Zugverhalten einer Vogelart – Ausweichverhalten gegenüber tiefen Temperaturen und Nahrungsknappheit
- Drei Verhaltensvarianten
  Z = Zugvögel (z. B. Russland, Skandinavien, Deutschland)
  T = Teilzieher (z. B. Italien, Südfrankreich)
  S = Standvögel (z. B. Kanarische Inseln)
- Ziele: Nordwestafrika, Ostafrika, Irland
- Generalisierung: Verhalten korreliert mit Nahrungsangebot/Temperaturverhältnissen (Zugverhalten vor allem dort, wo Bedingungen im Winter besonders ungünstig)
- Frage: Wie ist das Zugverhalten genetisch fixiert?

Aufgabe 20 Die **Abbildung A** zeigt Anlage und Ergebnisse von Kreuzungsversuchen mit Maispflanzen.
In der Ausgangsgeneration (P-Generation) liegen vier Inzuchtlinien A, B, C und D vor. Solche reinen Linien werden durch kontrollierte Vermehrung und Auslese erzeugt.
Im Versuch werden zunächst A mit B und C mit D gekreuzt. Bei der Fremdbefruchtung stellen die Linien A und D die väterlichen Pflanzen, liefern also den Pollen. Die Kolben der fremdbestäubten Pflanzen sind größer als die innerhalb der Inzuchtlinien.
Die Samen der F_1-Generation werden ausgesät. Aus ihnen entstehen Maispflanzen, die keiner der reinen Linien mehr angehören. Es handelt sich um Hybride A/B bzw. C/D. Durch erneute Fremdbestäubung wird eine weitere Durchmischung des Erbgutes erreicht. Die F_2-Hybriden enthalten Gene aller vier Ausgangslinien A/B/C/D. Sie zeigen noch weiter vergrößerte Kolben. Man bezeichnet dieses ertragssteigernde Ergebnis als Heterosiseffekt.
In **Abbildung B** ist Durchführung und Ergebnis eines Kerntransplantationsversuchs bei Froschlurchen dargestellt. In einer Eizelle wird durch energiereiche Strahlung der Zellkern zerstört. Parallel dazu wird einer Kaulquappe ein Stück Darm entnommen. Der Kern einer Darmzelle wird nun in die entkernte Eizelle transplantiert. Auf diese Weise entsteht eine diploide „Pseudozygote". Im weiteren Verlauf entwickelt sich daraus eine Blastula und schließlich ein normaler Frosch.
Das Ergebnis spricht für die Totipotenz der Zellkerne. Die Darmzelle ist in Bau und Funktion spezialisiert. Diese Ausdifferenzierung ist aber nicht mit einem Verlust genetischen Materials verbunden. Durch Repressoren blockierte oder anderweitig inaktivierte Gene können unter den neuen Bedingungen wieder aktiv werden.

Aufgabe 21 **Zelltyp F: Nervenzelle**
Nervenzellen dienen der Informationsübertragung und -verarbeitung. Durch ihre vielfältigen Verzweigungen (Dendriten, Neuriten) können sie Kontakt zu anderen Neuronen, aber auch zu Rezeptoren und Effektoren herstellen. Auf dem Soma einer Nervenzelle liegen bis zu tausend Synapsen. Gleichzeitig einkommende Erregungen (oder Hemmungen) werden bereits auf zellulärer Ebene verarbeitet. Im Inneren der Nervenzelle erkennt man besonders viele Mitochondrien (ATP-Bildung, z. B. für Natrium-Kalium-Pumpe) und ein gut entwickeltes raues ER (Proteinbildung für Membranrezeptoren u. Ä.).

Zelltyp D: Erythrozyten

Erythrozyten (rote Blutkörperchen) transportieren Sauerstoff. Sie werden aus Stammzellen im roten Knochenmark gebildet und sind selber kernlos. Wegen ihrer geringen Größe können sie auch dünne Kapillaren durchqueren. An besonders engen Stellen ermöglicht ihre abgeflachte Form eine Stapelung und dank der Kernlosigkeit können sie sich zur Passage verdrehen. Rote Blutkörperchen enthalten große Mengen Hämoglobin. Damit ist der Sauerstofftransport weitaus effektiver als in ausschließlich physikalisch gelöster Form.

Zelltyp A: Parenchymzelle (z. B. Leber) – Stoffwechsel
Zelltyp B: Fibroblast (Vorstufe von Bindegewebszellen) – Umhüllen, Stützen, Verbinden
Zelltyp C: Flimmerepithel (z. B. Atemwege) – Abschluss, Schutz
Zelltyp E: Spermium – Keimzelle
Zelltyp G: Herzmuskelzelle – Kontraktion
Zelltyp H: Glatte Muskelzelle – Kontraktion

Das **Auftreten verschiedener Zelltypen** bei Mehrzellern bedeutete stammesgeschichtlich einen Selektionsvorteil. Differenzierte Zellen und Gewebe können die verschiedenen Funktionen effektiver erfüllen.

In der Ontogenese entstehen die verschiedenen Zelltypen eines Organismus alle aus ein und derselben Zygote, haben also auch identische genetische Information. Ihr unterschiedlicher Bau ist auf unterschiedliche Aktivität der Gene (Genregulation) zurückzuführen.

Aufgabe 22 Herstellung eines Karyogramms:

Entnahme von Zellen (Mundschleimhaut, Lymphozyten, Fruchtwasser, ...) – Zellkultur – Hemmung der Mitose im Metaphasestadium durch Kolchizin – Aufbrechen der Zellen – Anfärben der Chromosomen – Fotografieren der Chromosomen – Ausschneiden und Ordnen.

Der vorliegende Karyotyp 47, XXY stellt eine **Trisomie** im Bereich der Gonosomen dar. Die Folge dieser Genommutation ist das Klinefelter-Syndrom (mit geringer bis mittlerer geistiger Retardierung, Hochwuchs und Unterentwicklung der Geschlechtsorgane). Trisomien entstehen, wenn einer der beiden Gameten bei der Befruchtung ein überzähliges Chromosom enthält. Ursache dafür ist eine Nichttrennung (Non-Disjunction) der homologen Chromosomen in der Anaphase I (bzw. der Chromatiden in der Anaphase II) der Meiose.

Aufgabe 23

Bildelement	Interpretation
Schreibtisch mit Laborgeräten, Monitor	Gentechniklabor
Aussage des Herrn mit Kittel	Verlautbarungen der Gentechnik-Industrie
Reporter	Öffentlichkeit
„… Tomate mit zweihundertprozentigem Natürlichkeitsgehalt …"	Ironisch überspitzte Aussage; Hinweis auf kontroverse Diskussion um transgene Nutzpflanzen

Kernaussage:
Die Anwender der Gentechnik versuchen für ihre Produkte ein Positivimage auf- und Vorbehalte abzubauen. Die Argumentation ist dabei nicht immer stichhaltig.

Aufgabe 24

Aspekte	Argument pro Gentechnik	Argument contra Gentechnik
Wirtschaftlich	• Höherer Ertrag bei geringeren Kosten auf gleicher Anbaufläche • Anbau auch unter ungünstigen Bedingungen	• Industrialisierung der Landwirtschaft • Abhängigkeit der Landwirte von der Gentechnik
Biodiversität	Zunahme der Vielfalt durch transgene Organismen	Abnahme der Vielfalt durch Wegfall klassischer Sorten
Verbraucherschutz	Hochwertige Lebensmittel	Schwer erkennbare Allergierisiken
Ökologisch	Keine negativen Erfahrungen bei bisherigen Freisetzungen	• Keine Langzeitstudien vorhanden • Gefahr des horizontalen Gentransfers
Sicherheit	Hohe Standards bei Genehmigungsverfahren	• Grundsätzliche Wissenslücken • Hundertprozentige Kontrolle nicht möglich
Ethisch	Kein grundsätzlicher Unterschied zwischen klassischer und gentechnischer Züchtung	Massiver Eingriff in die Natur

Die Abbildung zeigt einen Landwirt, der offensichtlich transgene Rüben anbaut. Er weist einen Journalisten auf monströs vergrößerte Käfer hin, die im Hintergrund zu sehen sind.
Die Karikatur überspitzt, denn Insekten können aus anatomischen und physiologischen Gründen eine solche Größe gar nicht erreichen. Sie sensibilisiert für die Frage der Risikoabschätzung. Der Zeichner greift damit in die Diskussion um Freisetzungsversuche mit gentechnisch veränderten Nutzpflanzen ein. Er bezieht mit seiner Karikatur Stellung aufseiten der Skeptiker.

Aufgabe 25 Der Diffusionsstrom kann durch jede der vier anderen Größen beeinflusst werden.
Diffusionskoeffizient (D): Schnellere Diffusion bei höheren Temperaturen – Vorteil gleichwarmer Organismen
Verdauung = Spaltung hochmolekularer Verbindungen in niedermolekulare (besser diffundierende)
Oberfläche (F): Schnellere Diffusion bei großer Austauschfläche – Dünndarmzotten, Lungenbläschen, Wurzelhaare
Diffusionsstrecke (d): Schnellere Diffusion bei kurzem Diffusionsweg – schmaler synaptischer Spalt, dünne Kapillarwände, andere Transportmechanismen für Ferntransport in Vielzellern
Konzentrationsunterschied (Δc): Schnellere Diffusion bei großem Konzentrationsunterschied – Aufrechterhaltung von Δc an Neuronen durch Natrium-Kalium-Pumpe

Aufgabe 26 Man kann zunächst davon ausgehen, dass die Kosten für die Aufzucht eigenen Nachwuchses vergleichbar sind mit denen für die Pflege der Geschwister. Entscheidend für den Nutzen aus beiden Verhaltensvarianten wäre dann der Verwandtschaftskoeffizient r.
Durch die besonderen genetischen Verhältnisse bei den Honigbienen sind die Arbeitsbienen mit ihren Geschwistern enger verwandt, als sie es mit eigenem Nachwuchs wären. In den mütterlichen Genen stimmen sie mit den Geschwistern durchschnittlich zu 50 % überein. Da die Drohnen aus unbefruchteten Eiern entstehen, ist das väterliche Erbgut bei allen Geschwistern identisch. Daraus ergibt sich:

$$r = \frac{50\% + 100\%}{2} = 75\%$$

Mit eigenen Nachkommen wären die Arbeitsbienen dagegen nur zu 50 % verwandt, da sie bei der Befruchtung die Hälfte ihres diploiden Chromosomensatzes einbringen.

$$r = \frac{50\,\% + 50\,\%}{2} = 50\,\%$$

Der phänotypische Altruismus erhöht also durchaus im Sinne des Genegoismus die Fitness.

Aufgabe 27
1. Bruttogleichung der Zellatmung; Glucose reagiert mit Sauerstoff und Wasser zu Kohlenstoffdioxid und Wasser; exergoner Vorgang mit Freisetzung von 2 870 kJ/mol.
2. Bruttogleichung der Zellatmung (s. o.); zusätzliche Angabe: Bildung von 36 mol ATP aus ADP und Phosphat.
3. Spaltung von ATP zu ADP und Ⓟ; Energiefreisetzung beträgt 30,5 kJ/mol.

Aus den drei Gleichungen und den Angaben zum Energieumsatz lässt sich der Wirkungsgrad der Zellatmung berechnen:
Insgesamt werden bei der biologischen Oxidation der Glucose 2 870 kJ frei. In den 36 mol ATP, die bei der Veratmung von 1 mol Glucose gebildet werden, ist aber nur ein Energiebetrag von 1 098 kJ gespeichert. Die Differenz von 1 772 kJ wird als Wärmeenergie abgegeben und geht der Zelle somit verloren. Damit beträgt der Wirkungsgrad rund 38 %.

Aufgabe 28 In beiden Fällen handelt es sich um Bruttogleichungen der Fotosynthese. Sie unterscheiden sich um 6 mol Wasser, die in der Gleichung 1 formal „herausgekürzt" wurden. Nach den Stoffmengenverhältnissen in Gleichung 1 müsste ein Teil des frei werdenden elementaren Sauerstoffs aus dem Kohlenstoffdioxid stammen. Dies widerspricht aber den Versuchsergebnissen. Heute ist darüber hinaus bekannt, dass Sauerstoff in der lichtabhängigen ersten Phase entsteht, Kohlenstoffdioxid aber erst in der zweiten Phase im Calvin-Zyklus gebunden wird.
Gleichung 2 berücksichtigt diese Befunde und ist daher als Gesamtgleichung der Fotosynthese besser geeignet.

Aufgabe 29
1. Der Citratzyklus findet als dritte Phase der Zellatmung in der Matrix der Mitochondrien statt. Der nach den ersten beiden Phasen aus der Glucose hervorgehende Acetylrest wird mithilfe des Coenzyms A an Oxalacetat gebunden, sodass Citrat entsteht. Über eine Reihe von Reaktionen wird der Akzeptor durch zweimalige Abspaltung von Kohlenstoffdioxid und Anlagerung von Wasser wieder regeneriert. Bei vier der Reaktionsschritte werden Wasserstoffatome vom Substrat abgespalten und auf die Coenzyme NAD^+ und FAD übertragen. Auf der Oxidation dieser Wasserstoffatome beruht wesentlich die ATP-Bildung in der abschließenden Phase der Zellatmung (Endoxidation). Auch im Citratzyklus wird bereits ein direkter Energiegewinn von 2 mol ATP (bzw. GTP)/mol Glucose erzielt.

Daneben kann man den Citratzyklus als physiologische Drehscheibe der Zelle bezeichnen, da er verschiedene Stoffwechselwege vernetzt. So können die oben genannten Acetylreste auch aus der β-Oxidation von Fettsäuren hervorgehen. Aminosäuren können in Zwischenverbindungen des Citratzyklus umgewandelt werden (z. B. Glutaminsäure in α-Ketoglutarsäure). Umgekehrt besteht die Möglichkeit Zwischenverbindungen des Citratzyklus in den Fett- oder Proteinstoffwechsel umzuleiten.

2. Malat-Ionen wirken als kompetitive Inhibitoren. Zwischen ihnen und den Succinat-Ionen besteht eine große strukturelle Ähnlichkeit. Sie können das aktive Zentrum des Enzyms SDH ebenfalls besetzen und damit für das eigentliche Substrat blockieren.

Die Hemmung lässt sich durch eine erhöhte Substratkonzentration aufheben. Je größer der Überschuss an Substrat im Vergleich zum Inhibitor, umso wahrscheinlicher ist die Bildung von Enzym-Substrat-Komplexen.

Quecksilber-Ionen besitzen eine völlig andere Struktur, eine Konkurrenz mit dem Substrat scheidet also als Ursache der Hemmung aus. Als Schwermetallionen verändern sie die Tertiärstruktur des Enzymeiweißes, das aktive Zentrum wird unbrauchbar (nichtkompetitive Hemmung). Da dies irreversibel geschieht, kann die Hemmung nur durch Zugabe neuer Enzymmoleküle aufgehoben werden.

3.

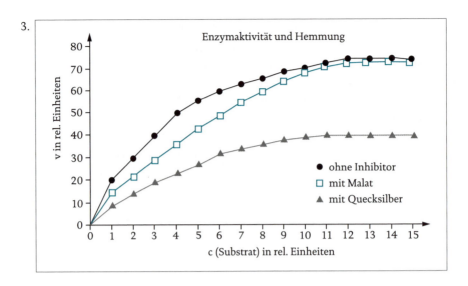

Aufgabe 30 Themenbereich: Sozialverhalten (Brutpflege), Fitness
Arbeitsauftrag: Ableiten einer Hypothese
Untersuchungsobjekt: zwei Populationen von Bisonkühen
Zusatzinformation: Dauer der Fortpflanzungsphase, Trächtigkeitsdauer
Dargestellte Größen: Intensität des Säugens (in Minuten pro Stunde) in Abhängigkeit vom Alter der Kälber für zwei Gruppen von Muttertieren unterschiedlichen Alters
Hypothese: Ältere Bisonkühe säugen ihre Kälber durchweg intensiver. Da sie nur noch wenige weitere Nachkommen haben werden, investieren sie stark in die aktuelle Pflege. Junge Bisonkühe erhöhen ihren Lebensfortpflanzungserfolg, indem sie weniger intensiv säugen und damit Kosten zugunsten weiterer Fortpflanzung sparen.

Aufgabe 31 **Abbildung A:**
Dargestellt ist die Pflanzenmasse in Abhängigkeit vom Kohlenstoffdioxidgehalt der Umgebung bei ausreichender bzw. mangelhafter Mineralsalzversorgung.
Abbildung B:
Dargestellt ist die Sauerstoffproduktion (Maß für die Fotosyntheseleistung) bei Licht- und Schattenpflanzen in Abhängigkeit von der Lichtstärke.

Aufgabe 32

Kanadische Goldrute und weißer Steinklee wurden auf Beeten in Einzel- bzw. Mischaussaat angebaut. Über drei Jahre wurde ihre Populationsentwicklung anhand der Anzahl der Sprosse verfolgt.

In Monokultur ist bei der Goldrute eine mäßige Ausbreitung zu verzeichnen (von einem auf etwa fünf Sprosse). Der Steinklee vermehrt sich im gleichen Zeitraum in Monokultur viel stärker (bis auf 25 Sprosse).

In der Mischkultur verläuft die Entwicklung anders. Die Goldrutenpopulationen entwickeln sich vergleichbar mit denen der Einzelbeete. Der Steinklee kann sich aber weit weniger ausbreiten und wird sogar von der Goldrute vollständig verdrängt.

Die kanadische Goldrute ist offensichtlich im Vergleich mit dem weißen Steinklee die konkurrenzstärkere Art. Sie konnte daher nach ihrer Einschleppung nach Europa schnell expandieren. Die Ursachen der Überlegenheit kann man untersuchen, indem man die Umweltfaktoren jeweils einzeln variiert. Auf diese Weise kann ermittelt werden, ob die Goldrute ein breiteres Temperaturoptimum hat, das Mineralstoffangebot besser nutzt, Wassermangel besser toleriert usw.

Aufgabe 33

1. Das Diagramm zeigt die Veränderung der Menge an gespeicherten Reservestoffen bei einer Spinnenart im Verlauf eines Jahres. Der Reservestoffanteil am Frischgewicht der Spinnen steigt von April bis November und sinkt anschließend wieder ab. Dies gilt sowohl für Fette als auch für Kohlenhydrate, wobei die Fette mengenmäßig dominieren.

   Als poikilotherme (wechselwarme) Tiere sind Spinnen in ihrer Aktivität stark von den Außentemperaturen abhängig. Mit dem Sinken der Temperaturen im Herbst büßen sie ihre Beweglichkeit mehr und mehr ein und verfallen schließlich in eine Kältestarre. In diesem Zustand nehmen sie keine Nahrung mehr auf, zumal auch ihre potenziellen Beutetiere von der Kältestarre betroffen sind. Der Stoffwechsel der Spinnen ist in dieser Periode reduziert, trotzdem muss laufend Energie für die Aufrechterhaltung der Vitalfunktionen bereitgestellt werden. Dies basiert auf den gespeicherten Reservestoffen. Fette haben hierbei eine besondere Bedeutung, da sie bei der Veratmung mehr Energie liefern als die gleiche Masse an Kohlenhydraten. Die intensive Speicherung von Fett im Spätsommer führt also nicht zu einer übermäßigen Massezunahme.

2. **Hypothese:** Die Speicherung von Reservestoffen ist abhängig von der aufgenommenen Nahrungsmenge.

In einem **Experiment** werden die Spinnen über den Zeitraum eines Jahres bei konstanten äußeren Bedingungen (Temperatur, Nahrungsangebot, ...) gehalten. Zeigt sich die gleiche Jahresrhythmik wie unter natürlichen Bedingungen, spräche dies gegen die Hypothese.
Bleibt die Reservestoffmenge dagegen bei konstanten Versuchsbedingungen im Jahresverlauf gleich, kann man die Schwankungen unter natürlichen Bedingungen mit Veränderungen der Außenfaktoren erklären. Um den entscheidenden Umweltfaktor zu ermitteln, müsste man in weiteren Versuchsreihen jeweils einen Faktor variieren und alle anderen konstant halten.

Aufgabe 34
1. Das Diagramm zeigt die Fehlerhäufigkeit beim Picken in Abhängigkeit vom Alter der Küken. Die untersuchten Tiere haben an verschiedenen Tagen nach dem Schlüpfen mit dem Picken begonnen. Sie verfügen also zum gleichen Zeitpunkt über ein unterschiedliches Maß an Erfahrung.
Die Voraussetzungen der Hühnchen bei Beginn des Pickens sind offensichtlich unterschiedlich. Tiere, die später beginnen, sind bereits an ihrem Einstiegstag relativ sicher. Alle Tiere zeigen mit zunehmendem Alter eine geringere Fehlerquote. Dies gilt zunächst unabhängig davon, wann sie mit dem Picken beginnen konnten. Tiere, die vom ersten Tag an picken konnten, erzielen nach einer Woche ein vergleichbares Ergebnis wie solche, die erst am fünften Tag begannen.
Das Ergebnis deutet darauf hin, dass die Steigerung der Treffsicherheit auf einer Reifung des Verhaltens beruht. Verbesserte Koordination zwischen Nervensystem und Muskulatur und eine sicherere Allgemeinmotorik mögen die Ursachen sein.
Innerhalb der ersten Woche kommen aber auch Lerneffekte hinzu. Unter den vier Tage alten Küken sind die am sichersten, die bereits über die längste Erfahrung verfügen.
2. Die Frage, welche Reize das Pickverhalten auslösen, kann man mit einer Reihe von Attrappenversuchen klären. Dabei werden den Hühnchen „Modelle" der Körner angeboten, die in Farbe, Form, Größe, Geruch usw. variieren. Bei der Simultanwahlmethode werden jeweils zwei Attrappen nebeneinander geboten und die Entscheidung protokolliert. Bei der Sukzessivmethode wird die Intensität der Reaktion auf nacheinander präsentierte Modelle untersucht. Um Lerneffekte auszuschließen muss man die Reihenfolge abwandeln und kann die Versuchstiere nur für wenige Durchgänge einsetzen. Unter diesem Aspekt erscheint die Verwendung von Kaspar-Hauser-

Tieren (Aufzucht unter Erfahrungsentzug) sinnvoll. Andererseits muss eine zu starke Entfremdung von der natürlichen Reizsituation vermieden werden. Im Sinne des Prinzips der doppelten Quantifizierung kann man auch die Abhängigkeit der Pickreaktion von inneren Faktoren (z. B. Hunger) untersuchen.

Aufgabe 35 **Abbildung A** zeigt den zeitlichen Verlauf des Wachstums einer Population. Der Graph verläuft exponentiell. Diese Wachstumskurve entspricht dem Beginn der Entwicklung einer Bakterienkolonie. Bakterien vermehren sich durch Zweiteilung mit relativ kurzer Generationsfolge. Die Individuenzahl verdoppelt sich daher bei jedem Teilungsschritt. Man kann die Zahl der Bakterien in der zehnten Generation mit $N_{10} = 2^{10} = 1\,024$ berechnen.

Im weiteren Verlauf ist zu erwarten, dass das exponentielle Wachstum aufgrund begrenzter Ressourcen in ein logistisches übergeht. Der Graph wird also abflachen und schließlich eine stationäre Phase erreichen.

Auch in **Abbildung B** wird ein Populationswachstum zeitlich verfolgt. Hier verläuft der Graph anders. Nach anfänglich linearem Anstieg folgt eine Phase ohne Zunahme der Individuenzahl, darauf wieder ein Anstieg usw. Dieses „schubweise" Ansteigen der Dichte ist typisch für Virenkulturen. Die sprunghaften Anstiege ergeben sich aus der schlagartigen Virenfreisetzung bei der Lyse der Wirtszellen. Dazwischen liegen stationäre Phasen, in denen die Virenvermehrung in den Wirtszellen abläuft.

Aufgabe 36 Beide Arten leben im Kronenbereich, auch ihr Körpergewicht ist vergleichbar. Auffällig ist dagegen der deutliche Unterschied in den Hirngewichten.

Im Nahrungsspektrum des **Klammeraffen** dominieren Früchte. Blätter und Blüten spielen dagegen eine untergeordnete Rolle. Früchte sind reich an energiereichen Stoffen (Proteine, leicht verdauliche Kohlenhydrate). Für den Aufschluss dieser Nahrung ist eine schnelle Darmpassage ausreichend. Offenbar legt das Tier täglich weite Strecken zur Suche dieser hochwertigen Nahrung zurück. Man kann einen Zusammenhang zwischen Nahrung und Hirnentwicklung vermuten. Einerseits hat die hochwertige Nahrung die Größenzunahme des Gehirns sicher erleichtert. Andererseits ist ein gut entwickeltes Gehirn auch Voraussetzung für weitere gezielte Streifzüge und das Einprägen ertragreicher Fundstellen.

Der **Mantelbrüllaffe** ernährt sich etwa zu gleichen Teilen von Blättern und Früchten, verzehrt daneben auch einen geringen Anteil Blüten. Blätter sind arm an Proteinen, enthalten als Kohlenhydrat Stärke und vor allem die für Affen unverdauliche Cellulose. Der höhere Blattanteil hat daher zur Folge, dass die Verdauung der Nahrung aufwändiger ist. Es ist eine längere Verweildauer im Darm notwendig. Blätter sind aber leichter verfügbar, sodass den Mantelbrüllaffen ein geringerer Aktionsradius zur Nahrungsbeschaffung ausreicht. Ein Selektionsdruck in Richtung Hirnleistung besteht bei dieser Nahrungsstrategie nicht in dem Maße wie bei den Klammeraffen.

Aufgabe 37   **Stamm A** wächst nur auf Nährboden mit Tryptophan. Diese Bakterien sind also Tryptophanmangelmutanten. Die Aminosäure Arginin können sie dagegen selbst herstellen.
Stamm B kann Arginin nicht synthetisieren und wächst daher nur dort, wo die Aminosäure im Nährboden vorhanden ist. Tryptophan muss dagegen nicht im Medium angeboten werden.
Eine **Mischkultur beider Stämme** kann man anschließend auf einem Mangelnährboden (ohne Tryptophan und ohne Arginin) erfolgreich vermehren. Dies ist ein Indiz dafür, dass in der Mischkultur durch Genaustausch rekombinante Bakterien entstanden sind, die beide Aminosäuren bilden können.

Aufgabe 38
1. Richtig; der genetische Code ist eindeutig. Jedem Triplett ist nur eine Aminosäure zugeordnet.
2. Falsch; der genetische Code ist degeneriert. Für manche Aminosäuren existieren mehrere Codons.
3. Richtig; die Degeneration betrifft vor allem die dritte Base des Tripletts.

Aufgabe 39

Aminosäuresequenz:	Met–Gln–Ile–Phe–Val–...
Mögliche Basensequenz der mRNA:	5' AUG–CAG–AUU–UUU–GUU ...
Mögliche Basensequenz der DNA:	3' TAC–GTC–TAA–AAA–CTT ...
	5' ATG–CAG–ATT–TTT–GTT ...
Basenaustausch an Position 3:	Veränderung des Startcodons – keine Translation – kein Protein.
Basenaustausch an Position 6:	Bei Austausch C gegen T keine Folgen, ansonsten Einbau von Histidin statt Glutamin.
Basenaustausch an Position 15:	Bleibt folgenlos wegen Degeneration des Codes.
Basenverlust an Position 9:	Verschiebung des Leserasters, andere Primärstruktur nach Isoleucin.

Aufgabe 40

1. Die Aufnahme von Stoffen aus dem Darmlumen in die Darmwandzellen kann durch Diffusion erfolgen. Die Möglichkeit besteht vor allem für relativ kleine und gering polare Teilchen. Aufgrund der geringen Geschwindigkeit und der Abhängigkeit vom Konzentrationsgefälle ist dieser Transportvorgang aber wenig effektiv. Säugetiere besitzen für die meisten der besonders wertvollen Verdauungsprodukte der Nährstoffe Carrier. Diese transportieren z. B. Monosaccharide oder Aminosäuren auch entgegen dem Konzentrationsgefälle in die Darmepithelzellen. Dabei kann es sich um aktive Carrier handeln, oder um solche, die im Kotransport zweier Substrate z. B. das Konzentrationsgefälle der Natriumionen ausnutzen, um Glucose in den Darmwandzellen anzureichern.
Für beide Varianten der Resorption ist eine möglichst große Kontaktfläche förderlich. Im Dünndarm vergrößern Kerkring'sche Falten, Dünndarmzotten und vor allem die Mikrovilli der Epithelzellen die innere Oberfläche auf ein Vielfaches.
2. Aus den Tabellen geht hervor, dass die Carrier zur Resorption von Aminosäuren stereo-spezifisch arbeiten. Sie bevorzugen jeweils die L-Form vor der D-Form der Aminosäure. In den Zellen der untersuchten Säuger werden diese L-Aminosäuren zur Proteinbiosynthese benötigt, D-Aminosäuren dagegen nicht.
Es scheint nicht für jede Aminosäure ein spezifisches Transportsystem zu geben. Dies kann man aus der Tatsache ableiten, dass die Aufnahme von Prolin durch die Gegenwart einiger anderer Aminosäuren gehemmt wird.

Aufgabe 41

Modelltyp	Beispiel
Strukturmodell	Fluid-Mosaik-Modell der Biomembran
Funktionsmodell	Operonmodell zur Genregulation
Vergrößertes Modell	Skizze eines Chloroplasten
Verkleinertes Modell	Skizze zur Schichtung eines Sees
Gegenständliches Modell	Osmometer
Gedankliches Modell	Schlüssel-Schloss-Prinzip

Aufgabe 42 Abbildung A: **Lipidbilayer** nach Gorter und Grendel
Lipidmoleküle lagern sich durch ihren amphipathischen Charakter in einer Doppelschicht zusammen. Die hydrophoben Molekülteile sind einander zugewandt. Die hydrophilen Bereiche weisen nach außen und ins Zellinnere. Da das Modell Proteine nicht berücksichtigt, erklärt es nur Befund 2.
Abbildung B: **Sandwichmodell** nach Dawson und Danielli
Beiderseits der Lipiddoppelschicht befindet sich eine geschlossene Proteinschicht. Einige der Proteine sind nur locker an den Lipiden adsorbiert, andere haften fester. Mit diesem Modell kann man die Befunde 1 und 2 erklären. Eine Bewegung der Proteine in der Membranebene kann ebenso wenig abgeleitet werden wie Permeabilitätsunterschiede.
Abbildung C: **Fluid-Mosaik-Modell** nach Singer und Nicolson
Die Doppelschicht besteht vornehmlich aus Phospholipiden und hat einen flüssig-kristallinen Charakter. Proteine sind einzeln in die Lipiddoppelschicht eingebettet und in ihr beweglich („wie Eisberge in der See"). Manche Proteine durchspannen die Membran und ragen mit hydrophilen Regionen beiderseits heraus. Lipide und Proteine können durch Kohlenhydratreste modifiziert sein (Glycolipide, Glycoproteide).
Dieses heute allgemein akzeptierte Modell erklärt alle vier Befunde.

Aufgabe 43 A: äußere Mitochondrienmembran; B: Intermembranraum; C: innere Mitochondrienmembran; D: Matrix
1: $NADH+H^+$; 2: NAD^+; 3: $FADH_2$; 4: FAD; 5: ADP + Ⓟ; 6: ATP

Die Koenzyme übertragen den Wasserstoff auf Akzeptoren in der inneren Membran der Mitochondrien. Dort werden die Wasserstoffatome in Protonen (Wasserstoffionen) und Elektronen gespalten. Die Elektronen fließen über eine Kette von Redoxsystemen (Atmungskette) zum Sauerstoff und reagieren mit ihm zu Oxidionen. Bei einigen Stationen dieses Elektronenflusses wird genug Energie frei, um Protonen entgegen dem Konzentrationsgefälle in den Intermembranraum zu pumpen. Der freiwillige Rückfluss der Protonen ist nur an bestimmten Protonenkanälen möglich, an die ein ATP-Synthetase-Komplex gekoppelt ist. Der Rückstrom der Protonen wird so zur ATP-Bildung genutzt. In der Matrix reagieren die Wasserstoffionen mit den Oxidionen zu Wasser (Endoxidation).

Aufgabe 44
1. **Erfolgsaussichten für Beschädiger:**
Fall 1: Kampf mit Beschädiger
Der Sieger erhält + 50, der Verlierer dagegen – 100 Punkte. Bei gleichen Erfolgsaussichten ergibt dies: $\frac{+50-100}{2} = -25$
Fall 2: Kampf mit Kommentkämpfer
Der Beschädiger gewinnt in jedem Fall ohne Verletzungsgefahr oder Verlust an Zeit und Energie: + 50 Punkte
Punkterwartung insgesamt: + 50 – 25 = + 25
Erfolgsaussichten für Kommentkämpfer
Fall 1: Kampf mit Beschädiger
Die Punkterwartung ist gleich null, da der Kommentkämpfer keinen Ernstkampf eingeht.
Fall 2: Kampf mit Kommentkämpfer
Der Sieger erhält + 50 Punkte, beide Kontrahenten wenden Zeit und Energie für die Auseinandersetzung auf. Bei gleichen Erfolgsaussichten gilt:
$\frac{+50-10-10}{2} = +15$
Punkterwartung insgesamt: + 15 + 0 = + 15
Die Punkterwartung des Beschädigungskämpfers scheint zunächst höher. Tatsächlich ist der Erfolg aber davon abhängig, wie oft Fall 1 bzw. Fall 2 eintreten, d. h. wie hoch der Anteil der beiden Strategien in der Population ist.
2. Mithilfe eines solchen Modells kann man eine Reihe von Sachverhalten veranschaulichen, die auch auf das Original zutreffen:
   - Der Selektionswert eines Verhaltens ist frequenzabhängig. Er richtet sich danach, wie viele Konkurrenten dasselbe Verhalten zeigen.
   - Die Selektion von Verhalten muss nicht mit der Auslöschung einer Strategie enden. Es kann sich eine evolutionsstabile Strategie entwickeln, die mehrere Varianten nebeneinander zulässt.
   - Der Selektionswert der Kampfstrategien ist abhängig vom Streitwert.

Das Modell lässt keine Voraussage darüber zu, in welchem Verhältnis sich die Strategien in einer konkreten Population entwickeln werden. Das Verhalten eines konkreten Tieres in einer bestimmten Situation lässt sich mit dem Modell nicht voraussagen.

Aufgabe 45 1. 1: Rezeptor, 2: afferenter Nerv, 3: Reflexzentrum, 4: efferenter Nerv, 5: Effektor

2.

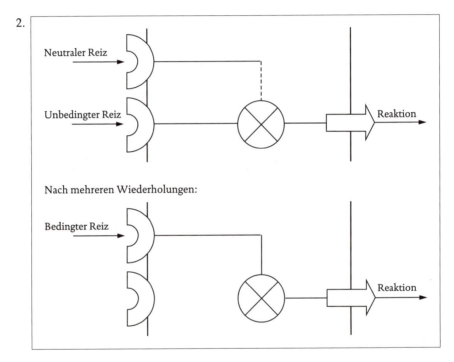

3.

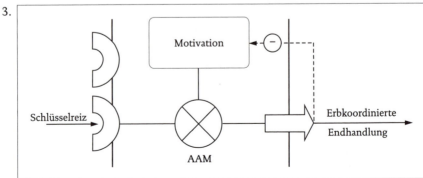

Aufgabe 46 Sie können die Aufgabe auch dann vollständig lösen, wenn Ihnen die Begriffe Monera und Protoctista nicht bekannt sein sollten!

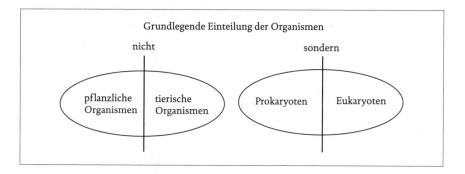

Prozyte und Euzyte stellen zwei unterschiedliche Organisationsstufen der Zelle dar.
Echte Bakterien, Archaeen und Cyanobakterien gehören dem ersten, stammesgeschichtlich ursprünglicheren Typ an. Sie besitzen keinen Zellkern und keine entwickelte Kompartimentierung.
Alle anderen Lebewesen (also kernhaltige Einzeller, Pilze, Pflanzen **und** Tiere) verfügen über Zellkern und Kompartimente. Ihr Zelltyp ist stammesgeschichtlich jünger und wahrscheinlich u. a. durch Endosymbiose entstanden.
Dieser Unterschied ist ein qualitativ so entscheidender, dass man in der Systematik die Einteilung „Mikroorganismen – Pflanzen – Tiere" aufgab. Stattdessen stellt man die Prokaryoten den Reichen der Eukaryoten gegenüber.

Aufgabe 47

Originaltext	Übertragung / Beispiele / Erklärungen
Vielgestaltigkeit der Formen	Variabilität durch Mutation und Rekombination, Biodiversität
Bestandheit der Formen	Relative Konstanz der Erbinformation durch identische Replikation der DNA
Schöpfung und Paarung der Geschlechter	Sexuelle Fortpflanzung
Mischen sich die Züge beider Eltern als ob nach verschiedenen Verhältnissen in Sie gegossen	Mosaik elterlicher Allele durch interchromosomale Rekombination und Befruchtung
Krankheiten und Züge der Bildung, Neigungen und Dispositionen	Erbkrankheiten (PKU, Albinismus), erbliche Anteile an Intelligenz, musischer Begabung

Originaltext	Übertragung/Beispiele/Erklärungen
Gestalten lange verstorbener Vorfahren kommen wieder	Z. B. rezessive Allele werden unbemerkt über Generationen weitergegeben und treten dann irgendwann wieder homozygot auf
Einfluss mütterlicher Gemüts- und Leibeszustände auf das Ungeborene	Beeinflussung des Fetus durch Nährstoffe, Hormone, Alkohol, Viren aus dem Blut der Mutter

Aufgabe 48

1. Bakterien besitzen neben ihrem Chromosom weitere ringförmige DNA-Moleküle. Für die genetische Rekombination spielen die sogenannten F-Plasmide eine besondere Rolle. Ihre Träger (F^+-Zellen) sind in der Lage, Zellfortsätze (Sexpili) auszubilden, mit denen sie eine plasmatische Verbindung zu anderen Bakterienzellen herstellen. Während einer solchen Konjugation kann die „männliche" F^+-Zelle (Donorzelle) genetisches Material des Plasmids auf die F^--Zelle übertragen. Dabei kann die Empfängerzelle in eine F^+-Zelle umgewandelt werden.
F-Plasmide können sich reversibel in das Bakterienchromosom einbauen. Ist dies der Fall, können solche Hfr-Zellen (von *high frequency of recombination*) auch chromosomale DNA übertragen. Durch zufällige Bewegungen der beiden Partner wird die Übertragung zu unterschiedlichen Zeitpunkten unterbrochen. Der Einbau der neu erworbenen DNA in das Genom führt zu einer rekombinanten Empfängerzelle.
2. Evolutionär betrachtet bestand also schon vor der „Erfindung" der eigentlichen geschlechtlichen Fortpflanzung mit Meiose und Befruchtung eine Möglichkeit zu genetischer Rekombination. Bakterien konnten und können genetisches Material austauschen, ohne dabei an Artgrenzen gebunden zu sein. Dies erhöht ihre Variabilität und wird vor allem dann zum Selektionsvorteil, wenn sich ungünstige Umweltbedingungen einstellen.
Eine aktuelle Konsequenz des horizontalen Gentransfers ist die Ausbreitung von Antibiotikaresistenzen bei Krankheitserregern. Nimmt ein Patient ein Antibiotikum, findet auch in seiner Darmflora eine Selektion in Richtung Resistenz statt. Darmbakterien, die das Antibiotikum schadlos verarbeiten, überleben und vermehren sich. Bei einer späteren Infektion können die Resistenzgene auch auf pathogene Bakterien übertragen werden. Kritisch zu betrachten ist in diesem Zusammenhang auch die, gewollte oder ungewollte, Freisetzung transgener Bakterien, die Antibiotikaresistenzgene als Marker enthalten.

Aufgabe 49   1.

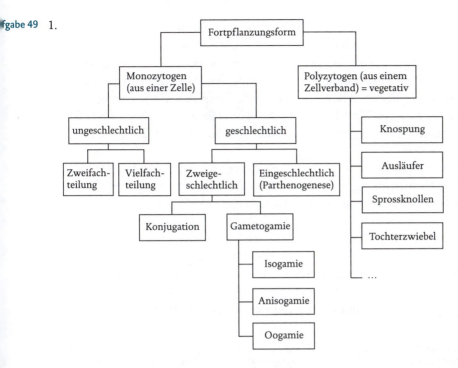

2. Bei allen Eukaryoten liegt die DNA in einem Zellkern in Form von Chromosomen vor. Die Zahl der Chromosomen schwankt zwischen zwei und einigen Hundert. Bei jeder Zellteilung müssen die Chromosomen geordnet weitergegeben werden.

Vegetative Fortpflanzung beruht auf mitotischen Zellteilungen. Dabei reihen sich die Chromosomen nach Verdichtung und Aufschraubung in der Äquatorialebene der Zelle auf. Die von den Zentriolen ausgehenden Spindelfasern binden an den Zentromeren. Sie ziehen eine Chromatide jedes Chromosoms zu den Zellpolen. Nach vollendeter Zellteilung verfügt jede Tochterzelle über einen diploiden Satz von Ein-Chromatid-Chromosomen. Vor der nächsten Zellteilung muss in der S-Phase der Interphase eine Verdopplung der DNA und damit der Chromatiden stattfinden.

Geschlechtliche Fortpflanzung setzt, zumindest bei mehrzelligen Organismen, die Bildung von Keimzellen voraus. (Der spezielle Fall der Konjugation von Einzellern soll hier nicht behandelt werden.) Gameten werden durch Meiose (Reduktionsteilung und Äquationsteilung) gebildet. Dabei paaren sich in einer ausgedehnten Prophase die homologen Chromosomen zu Bivalenten. Diese ordnen sich in der Äquatorialebene an. Wenn die Spindelfasern nun an den Zentromeren binden und sich anschließend verkürzen, trennen sie die homologen Chromosomen. Je ein Chromosom jedes Paares gelangt an jeden der beiden Zellpole. Dadurch wird die Chromosomenzahl auf den haploiden Satz reduziert. Es schließt sich eine zweite Teilung an, die einer mitotischen Teilung der haploiden Zellen entspricht. Ergebnis der beiden Teilungen sind vier Tochterzellen, die jeweils einen haploiden Satz von Ein-Chromatid-Chromosomen besitzen. Nach der Befruchtung liegt in der Zygote damit wieder der arttypische doppelte Chromosomensatz vor.

3. Fehler in der geordneten Verteilung können schwerwiegende Folgen haben. Die Nichttrennung (non-disjunction) des Chromosomenpaares 21 in der Oogenese führt beispielsweise dazu, dass die Eizelle zwei statt eines einzelnen Chromosoms 21 enthält. Nach der Befruchtung durch ein normales Spermium liegt in der Zygote also eine Trisomie vor. Dieses Beispiel ist eines der wenigen beim Menschen, in denen eine Abweichung von der arttypischen Chromosomenzahl nicht letal ist. Folge dieser Trisomie 21 ist allerdings das Down-Syndrom mit Herz- und Nierenfehlern, geistiger Retardierung, höherer Anfälligkeit für Atemwegserkrankungen u. a.

Aufgabe 50 *Bearbeitungshinweis:* Die Stoffsammlungen sind natürlich stark von der Schwerpunktsetzung des Unterrichts abhängig, den Sie erlebt haben. Der Lösungsvorschlag enthält daher nur mögliche Gliederungen, in die Sie die Ihnen bekannten Fakten einarbeiten können.

1. Gliederung:
   1   Einleitung (z. B. Situation der Zytologie Mitte des 19. Jh.)
   2   Hauptteil: Das heutige Bild der Zelle
   2.1 Unterscheidung der Organisationstypen
   2.2 Bau der Prozyte
   2.3 Bau der Euzyte
   3   Schluss: Zitat ist mit dem heutigen Wissen um den Bau der Zelle nicht mehr vereinbar.

2. Gliederung:
   1   Einleitung (z. B. Bedeutung von *E. coli* als Forschungsobjekt; Operonmodell von Jacob-Monod)
   2   Hauptteil: Funktion des genetischen Apparats bei Pro- und Eukaryoten
   2.1 Identische Replikation der DNA in der Prozyte – Besonderheiten in der Euzyte
   2.2 Proteinbiosynthese in der Prozyte – Besonderheiten in der Euzyte
   2.3 Genregulation in der Prozyte – Besonderheiten in der Euzyte
   3   Schluss: Gleiche Grundprinzipien, aber größere Komplexität bei Eukaryoten

3. Gliederung:
   1 Einleitung: Leben und Energie
   2 Hauptteil: Energiefluss in Ökosystemen
   2.1 Fotosynthese
   2.2 Nahrungsketten, -netze und -pyramiden
   2.3 Sonderfall: Ökosysteme ohne Licht
   3 Schluss: Zitat beschreibt nach wie vor die energetische Abhängigkeit der Biosphäre von der Sonne

Aufgabe 51 Das Schema erweckt den Eindruck, die Bauanleitung für das Protein würde zwischenzeitlich in Form von tRNA vorliegen.
Richtig ist vielmehr, dass der Informationsfluss bei der Translation direkt von der mRNA zum Protein erfolgt. Die tRNA ermöglicht durch die Codon-Anticodon-Erkennungsreaktion lediglich eine richtige Platzierung der Aminosäurebausteine.

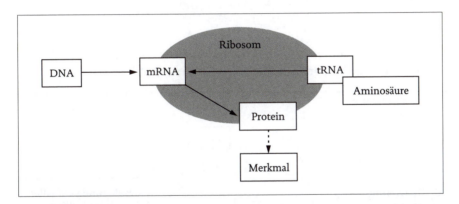

Aufgabe 52

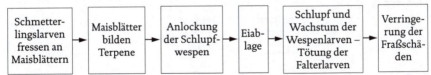

Aufgabe 53

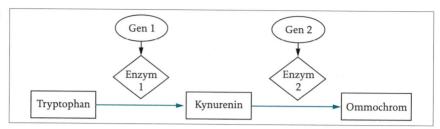

Die Bildung des Augenpigments der Mehlmotten aus der Aminosäure Tryptophan wird durch zwei Gene beeinflusst. Beide Gene müssen für funktionstüchtige Enzyme codieren, damit der Farbstoff gebildet werden kann. Es liegt also ein Fall von komplementärer Polygenie vor.

Beim Mutantenstamm führt eine Fütterung mit Kynurenin zur Pigmentbildung. Die Stoffwechselkette muss also vor diesem Stoff unterbrochen sein. Daraus kann man ableiten, dass Gen 1 mutiert ist. Meist ist ein Wildtypallel für die Bildung des funktionsfähigen Genproduktes ausreichend. Daher ist zu vermuten, dass beim rotäugigen Stamm zwei rezessive mutierte Allele vorliegen.

Aufgabe 54

Es handelt sich um einen monohybriden Erbgang. Das Ergebnis in der F_1-Generation zeigt die Dominanz des Allels für bilaterale Blütensymmetrie.

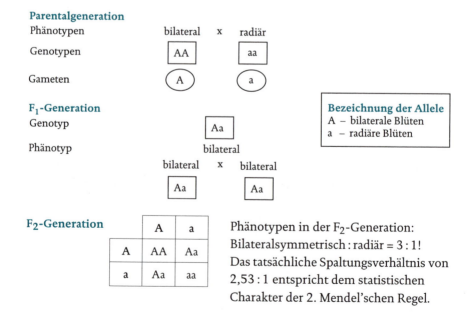

Aufgabe 55

P-Generation

Phänotyp	Walnusskamm		Walnusskamm
Genotyp	AaBb	x	AaBb
Gameten	AB Ab		AB Ab
	aB ab		aB ab

F$_1$-Generation

	AB	Ab	aB	ab
AB	AABB	AABb	AaBB	AaBb
Ab	AABb	AAbb	AaBb	Aabb
aB	AaBB	AaBb	aaBB	aaBb
ab	AaBb	Aabb	aaBb	aabb

AaBb	Walnusskamm
Aabb	Erbsenkamm
aaBb	Rosenkamm
aabb	Normalkamm

Tiere mit Rosenkamm sind mit einer Wahrscheinlichkeit von 3/16 = 18,75 % zu erwarten.

Aufgabe 56

Sowohl bei autosomal-rezessiver als auch X-chromosomaler Vererbung wäre das Kind Merkmalsträger. Es handelt sich also um einen autosomal-dominanten Erbgang.
Genotypen: Vater: Aa, Mutter: Aa, Tochter: aa

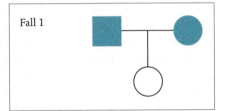

Dominante Erbgänge scheiden aus, da 2 merkmalsfreie Personen Kinder haben, die Merkmalsträger sind. Bei X-chromosomal-rezessiver Vererbung wäre die Konstellation „merkmalsfreier Vater –Tochter Merkmalsträgerin" nicht möglich. Es liegt also eine autosomal-rezessive Vererbung vor.
Genotypen: Großvater: aa, Vater und Mutter: Aa, Tochter: aa, weitere Kinder: Aa oder AA

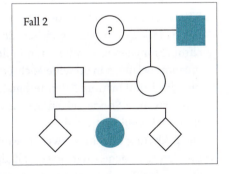

Eine Y-chromosomale Vererbung kann in beiden Fällen wegen des Auftretens weiblicher Merkmalsträgerinnen ausgeschlossen werden.

Aufgabe 57 1. *Bearbeitungshinweise:* Es müssen zwei Merkmale in einem Schema dargestellt werden. Teilen Sie die Symbole!
Rechts: Angabe zur Blutgerinnung
Links: Angabe zur Farbtüchtigkeit

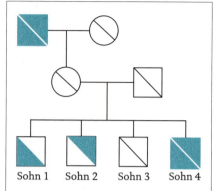

2. Genotypen:
   Sohn 1: $X_{aB}Y$ Mutter: $X_{AB}X_{ab}$
   Sohn 2: $X_{Ab}Y$ Vater: $X_{AB}Y$
   Sohn 3: $X_{AB}Y$ Großvater: $X_{ab}Y$
   Sohn 4: $X_{ab}Y$ Großmutter: $X_{AB}X_?$

   Legende:
   a: Allel für Hämophilie
   A: Allel für normale Blutgerinnung
   b: Allel für Farbschwäche
   B: Allel für normales Farbsehen

   Für alle X-chromosomalen Gene sind Männer hemizygot, da sie nur ein X-Chromosom besitzen. Merkmalsträger tragen dementsprechend das rezessive, merkmalsfreie, männliche Personen das dominante Allel.
   Die Mutter hat von ihrem Vater das X-Chromosom, und daher mit Sicherheit die Allelkombination ab, geerbt. Da sie farbtüchtig ist und eine normale Blutgerinnung zeigt, muss sie auf dem anderen X-Chromosom die Kombination AB besitzen. Dieses zweite X-Chromosom stammt von ihrer Mutter. Für deren zweites Gonosom lässt sich keine eindeutige Angabe machen.

3. Söhne erben die X-chromosomalen Gene von ihrer Mutter. Da die Gene für beide Merkmale auf dem gleichen Chromosom liegen, sind sie bei der interchromosomalen Rekombination in der Meiose gekoppelt. Gene eines Chromosoms gelangen in dieselbe Tochterzelle. Die Mutter könnte also eigentlich nur die Kombination AB (merkmalsfrei) bzw. ab (Bluter/rot-grün-blind) vererben. Ihre Söhne zeigen aber zwei weitere Kombinationen. Die Allele sind frei kombiniert worden.
   Die Erklärung besteht in zwei crossing-over-Ereignissen bei der Bildung der Eizellen, aus denen der erste und der zweite Sohn hervorgegangen sind. Durch den Stückaustausch zwischen Nicht-Schwester-Chromatiden entstanden die Allelkombinationen Ab bzw. aB.

Aufgabe 58

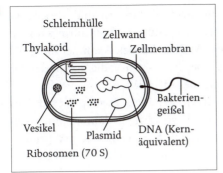
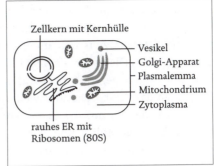

Protozoen sind als echte Eukaryoten stark kompartimentiert. Sie besitzen Zellorganellen wie beispielsweise Mitochondrien und einen echten Zellkern. In ihren Zellen findet man ein gut entwickeltes Membransystem (ER), das teilweise von 80 S-Ribosomen besetzt ist.
Fehlen diese Merkmale, handelt es sich bei der Zelle um eine Prozyte.

Aufgabe 59

Die Skizze weist folgende Mängel auf:
- Zellen der oberen Epidermis liegen dachziegelartig übereinander
- Beschriftung ist ungenau (Epidermis)
- Schließzellen fehlen
- Zellen im Palisadengewebe sind offen dargestellt
- Untere Epidermis ist nicht beschriftet
- Linien zur Beschriftung sind nicht waagerecht

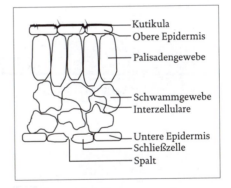

Aufgabe 60

Versuchsdurchführung:
Die dargestellte Methode geht zurück auf Hodgkin und Huxley, die so erstmals 1952 Messungen des Membranpotenzials an den Riesenaxonen von Tintenfischen durchführen konnten. (Riesenaxone sind wegen ihres ungewöhnlichen Durchmessers von 0,6 mm am besten für die Messung geeignet.)
In das Axon wird mithilfe eines Mikromanipulators eine feine Kapillarelektrode eingestochen. Eine Referenzelektrode liegt außerhalb des Axon in der um-

gebenden physiologischen Kochsalzlösung. Beide Elektroden sind über einen Verstärker mit einem Oszillographen verbunden. Auf dem Bildschirm wird die Potenzialdifferenz zwischen Innen- und Außenseite der Axonmembran als Kurve sichtbar. Dieses Ruhepotenzial liegt bei etwa −70 mV, die Innenseite der Membran ist also gegenüber der Außenseite negativ geladen.

Reizt man das Axon über zwei weitere Elektroden überschwellig, ist auf dem Bildschirm der Verlauf des Aktionspotenzials sichtbar. Es kommt innerhalb von ein bis zwei Millisekunden zur Depolarisation auf etwa +30 mV (Innenseite wird positiv). Anschließend stellt sich das Ruhepotenzial wieder ein.

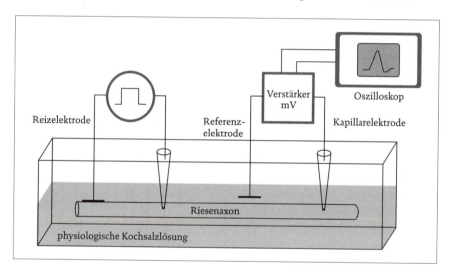

Aufgabe 61

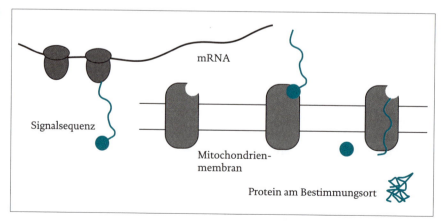

Der dargestellte Mechanismus ist geeignet, ein im Zytoplasma produziertes Protein in ein anderes Kompartiment einzuschleusen. Der in der Aufgabe beschriebene Fall betrifft den Transfer der kleinen Untereinheiten der Cytochromoxidase in das Mitochondrium. Aufgrund der „genetischen Versklavung" durch den Kern kann dieses wichtige Enzym der Atmungskette nicht vollständig im Organell selbst gebildet werden. Ein geordnetes Einschleusen der Untereinheiten ist Voraussetzung für das Funktionieren des Elektronentransports in der inneren Mitochondrienmebran und damit für den Energiehaushalt der Zelle.

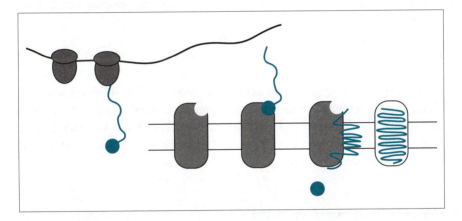

Auf die hier dargestellte Weise können neu synthetisierte Proteine in die verschiedenen Membranen der Zelle eingebaut werden. Die Membranproteine dienen dann als Ionenkanäle, Carrier, Rezeptoren usw.

Aufgabe 62 A Transkription der Gene für die Exoenzyme
B mRNA gelangt durch Kernporen ins Zytoplasma
C Translation an den Ribosomen des rauhen ER – Synthese der Enzymeiweiße
D Transport der Enzymeiweiße über ER und Vesikel zum Golgi-Apparat
E Anreicherung der Enzyme im Golgi-Apparat und Abschnürung von Golgi-Vesikeln
F Sekretion der Enzyme durch Exozytose

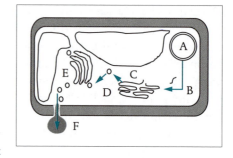

Insektivore Pflanzen besitzen überall dort einen Selektionsvorteil, wo das Mineralstoffangebot gering ist. Sie decken ihren Bedarf an Stickstoff und Phosphor aus tierischen Quellen und können deshalb auch dort wachsen, wo diese Elemente limitierende Faktoren sind. Ursache des Mangels kann z. B. ein Wasser durchlässiger Untergrund und die damit verbundene Ausspülung sein (Sand, Torfmoos). Auch die epiphytische Lebensweise verhindert die Aufnahme von Nitrat- oder Phosphationen aus dem Boden.

Aufgabe 63 Geeignete Darstellungsformen sind:
1. Kurvendiagramm. Die zeitliche Veränderung einer Größe wurde erfasst.
2. Kreisdiagramm. Es sind Anteile verschiedener Teile eines Ganzen darzustellen.
3. Kurvendiagramm. Die Beziehung zweier variabler Größen zueinander wurde untersucht.
4. Säulendiagramm. Es sollen Daten verglichen werden, die nicht unmittelbar voneinander abhängen.

Aufgabe 64 Die Darstellung ist der Aufgabe nicht angemessen. Die erheblichen Unterschiede in den absoluten Artenzahlen werden in den zwei Kreisdiagrammen nicht deutlich. Es könnte sogar der Eindruck einer Übereinstimmung in der Artenvielfalt entstehen. Außerdem vermitteln die Kreisdiagramme die Vorstellung, als bildeten die drei genannten Gruppen die Gesamtheit der Tierwelt in den beiden Gebieten. Besser geeignet wäre die nebenstehende Darstellung.

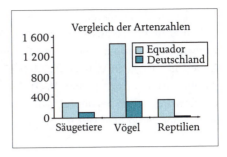

Aufgabe 65 *Bearbeitungshinweis:* Bei den Messwerten handelt es sich um zwei Variablen. Als Darstellungsform wird also ein Kurvendiagramm gewählt. Die Zellen reagieren in ihrem osmotischen Verhalten auf die Konzentration der Zuckerlösung. Daher wird die Konzentration auf der x-Achse abgetragen.

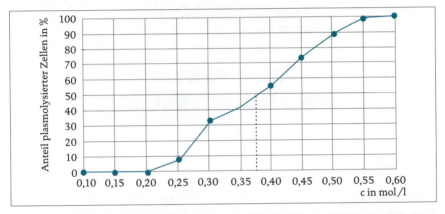

In der Versuchsreihe wurde das osmotische Verhalten von Epidermiszellen der Zwiebelschuppe untersucht. Osmose ist die gerichtete Diffusion, in diesem Fall von Wasser, durch eine semipermeable Membran. Sind Zellinneres und Umgebung nicht isotonisch, kommt es zu einem Wassertransport durch das Plasmalemma der Zellen. Pflanzenzellen nehmen in hypotoner Lösung so lange Wasser auf, bis der osmotische Druck gleich dem Wanddruck ist. In hypertoner Lösung geben sie Wasser ab. Hierbei schrumpft der Protoplast, die Zellwand dagegen nicht. Die Folge ist das Ablösen des Protoplasten von der Zellwand, das man als Plasmolyse bezeichnet.

Das Diagramm zeigt den Anteil plasmolysierter Zellen in Abhängigkeit von der Konzentration der umgebenden Rohrzuckerlösung. Konzentrationen bis zu 0,2 mol/l sind offensichtlich hypo- bzw. isoton, sodass es bei keiner der Zellen zum Wasserausstrom kommt. Oberhalb dieses Wertes steigt der Plasmolyseanteil stetig an. Für diese Zellen ist das Außenmedium offensichtlich hyperton, sie geben Wasser ab. Ab 0,55 mol/l betrifft dies alle Zellen des Präparats. Um den osmotischen Wert des Gewebes zu bestimmen, ermittelt man die Konzentration, bei der 50 % der Zellen plasmolysiert sind (Grenzplasmolyse). Dieser Punkt liegt laut Diagramm bei 0,38 mol/l.

Aufgabe 66 *Bearbeitungshinweis:* Mit Staffelbalken kann man Anteile in mehreren Stichproben in einem Diagramm darstellen. Die Größe der Stichprobe muss im Diagramm nicht erscheinen.

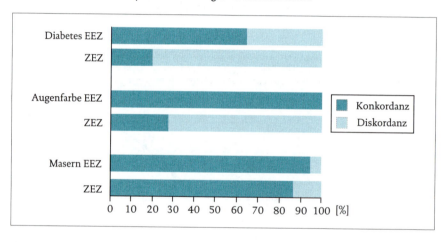

Auswertung

Die untersuchten Zwillinge eines Paares waren jeweils ähnlichen Umweltbedingungen ausgesetzt. Bei den eineiigen Zwillingen (EEZ) stimmen auch die Erbanlagen überein, da sie aus einer Zygote hervorgegangen sind. Zweieiige Zwillinge (ZEZ) sind sich dagegen genetisch nicht ähnlicher als Geschwister unterschiedlichen Alters. Daraus ergeben sich folgende Konsequenzen.

Augenfarbe	Hohe Konkordanz bei EEZ und hohe Diskordanz bei ZEZ	Erblicher Anteil überwiegt eindeutig, Merkmal ist nicht oder kaum von der Umwelt abhängig
Diabetes	Stärkere Konkordanz bei EEZ, aber kein drastischer Unterschied	Merkmal hat einen erblichen Anteil, ist aber von der Umwelt relativ plastisch beeinflussbar
Masern	Hohe Konkordanz bei beiden Gruppen	Wirkung der gemeinsamen Umwelt

Aufgabe 67

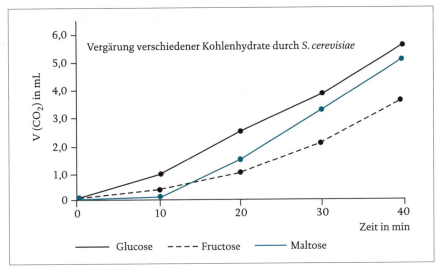

Im Versuchsergebnis wird sichtbar, dass die Bäckerhefe Glucose, Fructose und Maltose vergären kann, Lactose dagegen nicht.

Glucose ist der Ausgangspunkt der Glykolyse, sodass hier ein positives Ergebnis zu erwarten war. Sie wird im ersten Schritt durch eine Hexokinase phosphorylliert. Fructose wird entweder zu Glucose isomerisiert oder direkt phosphorylliert und fließt auf diese Weise in die Glykolyse ein.

Maltose ist ein Disaccharid, muss also zunächst hydrolytisch gespalten werden. Offenbar gelingt der Hefe dies. Man kann also davon ausgehen, dass sie über das Enzym Maltase verfügt. Nach erfolgreicher Spaltung liegt Glucose vor, die wie oben beschrieben weiterverarbeitet wird.

Ein Enzym für die hydrolytische Spaltung der Lactose besitzt die Hefe offensichtlich nicht. (Gelänge ihr die Spaltung, würde dabei Galaktose und Glucose frei. Letztere könnte vergoren werden.)

Aufgabe 68

Der Pankreas ist zugleich endokrine Hormondrüse und exokrine Verdauungsdrüse. Die Produkte sind aber allesamt Eiweiße. Daher zeigen die verschiedenen Drüsenzellen eine ähnliche Differenzierung zur Produktion und Sekretion von Proteinen.

	Endstückzellen	A-Zellen der Langerhans'-schen Inseln	B-Zellen der Langerhans'-schen Inseln
Produkt	Trypsinogen, Lipase, Chymotrypsinogen, α-Amylase u. a.	Glucagon	Insulin
Stoffklasse – strukturell	Proteine		
Stoffklasse – funktional	Enzyme	Hormone	
Abgabe an	Dünndarm	Blut	
Funktion der Produkte	Verdauung	Steigerung des Blutzuckergehalts	Senkung des Blutzuckergehalts
Auffällige zelluläre Strukturen	Rauhes ER und Golgi-Apparat sind gut entwickelt, Granula mit Drüsensekret		

Aufgabe 69 Die vorliegende Tabelle weist vor allem zwei strukturelle Mängel auf:
- Sie nennt die Kriterien nicht, nach denen verglichen wird.
- Sie unterscheidet nicht zwischen den verschiedenen RNA-Typen. Es sollte zumindest zwischen tRNA und mRNA differenziert werden.

Ergänzt und neu geordnet könnte die Tabelle so aussehen:

Nukleinsäure	DNA	mRNA	tRNA
Vorkommen	Zellkern	Zellkern, Zytoplasma	Zytoplasma
Funktion	• Speicherung und Weitergabe der Erbinformation • Vorlage für Transkription	• Vorlage für Translation • Codon-Anticodon-Erkennung	• Transport der Aminosäuren zum Ribosom • Codon-Anticodon-Erkennung
Primärstruktur	Dinukleotide • Phosphat • Desoxyribose • Adenin, Thymin, Guanin, Cytosin	Nukleotide • Phosphat • Ribose • Adenin, Uracil, Guanin, Cytosin	Nukleotide • Phosphat • Ribose • Adenin, Uracil, Guanin, Cytosin
Sekundärstruktur	Doppelhelix	Einzelstrang	Kleeblattstruktur

Aufgabe 70

	Sympathisches System	Parasympathisches System
Beeinflussung durch höhere Zentren im Zentralnervensystem	Hypothalamus – Limbisches System – Großhirnrinde	
Anatomie	Rückenmark – Grenzstrang	• Hirnnerven (vor allem *X., N. vagus*) • Rückenmarksnerven im Bereich der Kreuzwirbel
Transmitter am Erfolgsorgan	Adrenalin, Noradrenalin	Acetylcholin
Wirkung auf		
Pupille	Erweiterung	Verengung
Sekretion der Darmdrüsen	Hemmung	Anregung
Magen-Darm-Motorik	Hemmung	Anregung
Bronchien	Erweiterung	Verengung
Herz	Beschleunigung	Verlangsamung
Blutgefäße	Verengung	–
Generelle Wirkung	Aktivierungssystem	Regenerationssystem

Ausgehend von denselben Zentren im ZNS (vor allem Hypothalamus) innerviert das vegetative Nervensystem fast alle inneren Organe doppelt. Sympathikus und Parasympathikus beeinflussen dabei die Erfolgsorgane durch Synapsen mit unterschiedlichen Transmittern entgegengesetzt (antagonistische Wirkung). Das „Zwei-Zügel-Prinzip" veranschaulicht diese Gegenspielerwirkung: Ein „Zug" am sympathischen System aktiviert den Organismus, versetzt ihn in Alarmbereitschaft. Ein „Zug" am parasympathischen System veranlasst dagegen Erholungsphasen.

Aufgabe 71

Das Prinzip der Zuweisung besagt, dass jedes Lebewesen nur eine beschränkte Menge an Energie zur Verfügung hat. Dieser Energiebetrag muss den verschiedenen Lebenstätigkeiten (Nahrungssuche, Flucht, Fortpflanzung, Wachstum …) zugewiesen werden.

Energie, die für die Thermoregulation verwendet wird, steht für andere Nutzung nicht zur Verfügung. Konformer haben in einer relativ konstanten Umwelt den Vorteil, dass sie wenig Energie für die Homöostase aufwenden. Dafür sind sie empfindlicher gegenüber Veränderungen in der Umwelt. Ihre geografische Verbreitung ist stärker eingeschränkt als die der Regulierer.

Grundtyp	Konformer	Regulierer
Kennzeichen	Lassen zu, dass sich ihr inneres Milieu weitgehend den äußeren Bedingungen angleicht	Halten ihr inneres Milieu bei Änderung der Außenbedingungen in engen Grenzen konstant
Beispiel	Poikilotherme Tiere z. B. Feuersalamander	Homöotherme Tiere z. B. Hirsch
Nutzen	Können einen größeren Teil der aus der Nahrung stammenden Energie für schnelles Wachstum und schnelle Generationsfolge nutzen	Sind in ihrer Aktivität weniger von den Außentemperaturen abhängig
Kosten	Sind in ihrer Aktivität und geografischen Verbreitung stärker von den Außentemperaturen abhängig	Müssen mehr Energie in die Thermoregulation investieren, daher Wachstum und Generationsfolge langsamer

Aufgabe 72

1. Schwermetallionen verändern die Tertiärstruktur des Apoenzymanteils; aktives Zentrum nicht mehr funktionsfähig

2. Bindeprotein blockiert aktives Zentrum – Enzym inaktiv; Abbau des Bindeproteins legt aktives Zentrum frei – Enzym aktiv

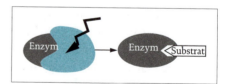

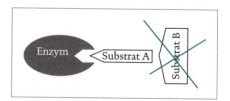

3. Schlüssel-Schloss-Prinzip: aktives Zentrum und Substrat müssen strukturell zusammenpassen

Aufgabe 73

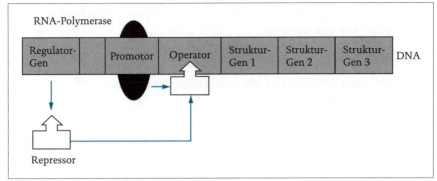

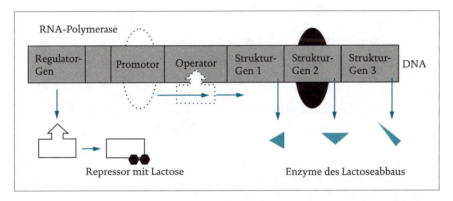

Aufgabe 74

1.

Modell-organismus	Fragestellung
Drosophila	Klassische Genetik, Mutationsforschung (Morgan), Chromosomenanalyse
Loligo	Erregungsbildung und Erregungsleitung an Riesenaxonen (Hodgkin/Huxley)
Arabidopsis	Genomanalyse bei Pflanzen
Seeigel	Keimesentwicklung (Roux, Driesch)
Silbermöwen	Instinktverhalten, Schlüsselreize (Tinbergen)

2. *E. coli* ist ein Prokaryot. Sein genetischer Apparat weist zwar in vielen Punkten Übereinstimmungen mit dem von Pflanzen, Tieren und Menschen auf. Daneben gibt es aber in Euzyten Besonderheiten, wie z. B. das Vorkommen von Introns und das daraus resultierende Spleißen der mRNA. Für die

172 / Lösungen

Untersuchung solcher Fragestellungen ist das Darmbakterium daher kein geeigneter Modellorganismus.

Hefezellen sind relativ einfach gebaut und leicht zu kultivieren und zu vermehren. Als Vertreter der Pilze sind sie aber echte Eukaryoten. Damit stehen sie Tieren, Pflanzen und Menschen näher als *E. coli*.

Aufgabe 75 Lichtreiz – Transduktion am Fotorezeptor – Erregung eines sensiblen Neurons – Umschalten auf ein motorisches Neuron – Erregung des Muskels – Kontraktion.

Geruch – Transduktion am Chemorezeptor – Erregung eines sensiblen Neurons – Umschalten auf ein efferentes Neuron –

- Aktivierung der Hormondrüse – Hormonausschüttung – Umfärben der Pigmentzellen.
- Erregung eines hemmenden Interneurons – präsynaptische Hemmung der motorischen Endplatte – Verhinderung der Muskelkontraktion.

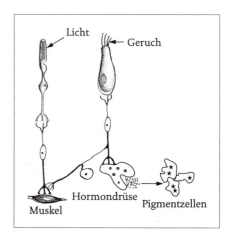

Aufgabe 76 1. Bakterien der Gattung *Rhizobium* dringen in die Wurzelrinde der Lupine ein. Sie sind in der Lage, elementaren Stickstoff zu binden und in eine Form zu überführen, die auch für Pflanzen nutzbar ist. Daher tragen sie durch Verbesserung der Stickstoffversorgung zum Wachstum der Lupine bei.

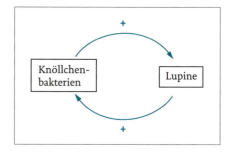

Gleichzeitig nutzen die Bakterien organische Stoffe, die von der Pflanze produziert wurden, für ihren Stoffwechsel. Beide Arten fördern sich also gegenseitig.

2. Die Larven des Marienkäfers ernähren sich u. a. von Blattläusen. Je zahlreicher diese sind, umso stärker können sich die Marienkäfer vermehren. Die Zunahme der Marienkäfer wirkt dagegen negativ auf die Populationsdichte der Blattläuse zurück.

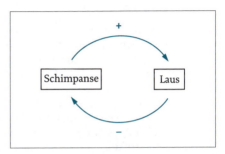

3. Bei sozial lebenden Säugern wie den Schimpansen erhöht sich mit steigender Populationsdichte das Risiko der Übertragung von Außenparasiten. Eine starke Durchseuchung der Population mit Läusen schwächt die Affen und kann ihre Reproduktionsrate verringern.

Aufgabe 77

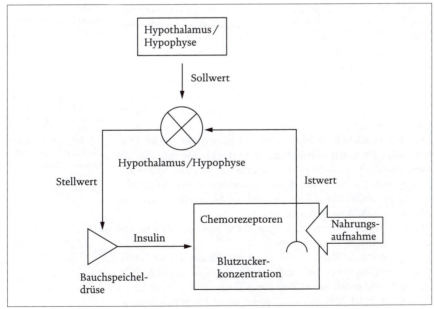

Aufgabe 78

Beim gesunden Menschen beträgt die Temperatur im Körperkern 36,5–37 °C. Steigt die Körpertemperatur über diesen Wert, werden über verschiedene Regelkreise Mechanismen zur Kühlung in Gang gesetzt.

Im Falle einer Infektionskrankheit wirkt sich allerdings eine Mobilisierung des Immunsystems durch eine erhöhte Körpertemperatur positiv aus.

Die als Fieber bezeichnete Temperaturerhöhung wird vom Organismus aktiv herbeigeführt, indem der Sollwert zeitweilig heraufgesetzt wird. Auf diese Weise wird die Abgabe von Stoffwechselwärme gebremst.

Aufgabe 79

Karyogramme von Mutter und Tochter müssen untersucht und eine Chromosomenveränderung bei der Tochter festgestellt werden. Mögliche Ursachen der Abweichungen müssen genannt und die Symptome der festgestellten Anomalie beschrieben werden. *(1. Schritt: Erfassen der Aufgabenstellung und Problemerkennung)*

Ursache für Veränderungen des genetischen Materials sind Mutationen. Da diese Anomalie die Chromosomen betrifft, kommen als mögliche Ursachen Genommutation (Veränderung der Chromosomenzahl) oder Chromosomenmutation (Veränderung der Chromosomenstruktur) infrage. Bei einer Genommutation kann eine Vervielfachung einzelner Chromosomen (Aneuploidie) oder des gesamten Chromosomensatzes (Euploidie) erfolgt sein. *(2. Schritt: Ableiten und Formulieren der Hypothese)*

Die beiden Karyogramme von Mutter und Tochter werden miteinander verglichen. Zunächst werden die einzelnen Chromosomen im Hinblick auf mögliche Strukturveränderungen miteinander verglichen. Anschließend erfolgt die Untersuchung hinsichtlich möglicher Veränderungen der Chromosomenzahl einzelner Chromosomen bzw. des Chromosomensatzes. *(3. Schritt: Gedankliche Ausarbeitung eines Planes zur Durchführung der Beobachtung)*

Das Karyogramm der Tochter zeigt ein gegenüber dem Normalzustand des Chromosomensatzes der Mutter überzähliges Chromosom 21. Man bezeichnet diese Anomalie als Trisomie 21 (Down-Syndrom, Mongolismus). *(4. Schritt: Durchführung der Beobachtung und Erfassen der gewonnenen Ergebnisse)*

Trisomie 21 ist ein Beispiel einer autosomalen Genmutation (Aneuploidie), die durch Nondisjunktion in der Meiose entsteht. Die Trennung der homologen Chromosomen 21 in der Reduktionsteilung oder die Trennung der Chromatiden in der Äquationsteilung unterbleibt. Dies kann sowohl bei der Eizell- als auch bei der Spermienbildung passieren. *(5. Schritt: Auswerten und Deuten der ermittelten Ergebnisse)*

Die nachfolgend aufgeführten Symptome sind von Fall zu Fall unterschiedlich deutlich ausgeprägt:

kleiner, runder Schädel; kleine Nase mit flacher Nasenwurzel; schräg gestellte, weit auseinanderstehende Augen; Lidfalte; dicke Zunge; häufig geöffneter Mund; kurze Finger bzw. Zehen; kleine Ohren; Organfehlbildungen; IQ meist unter 80, geistig zurückgeblieben (Schwachsinn); Männer sind steril, Frauen fruchtbar; Immunabwehrschwäche

Aufgabe 80	Es sollen Veränderungen lebender Zellen unter Beachtung des Ausgangszustandes der Zellen in konzentrierter Kochsalzlösung und dann in destilliertem Wasser beschrieben und entsprechende mikroskopische Zeichnungen angefertigt werden. Anhand der Beobachtungsergebnisse und theoretischer Kenntnisse sind die Vorgänge der Plasmolyse und Deplasmolyse zu erläutern.	1. Schritt: Erfassen der Aufgabenstellung und Problemerkennung

Gegenüber dem Ausgangszustand der lebenden Zellen sind sowohl in konzentrierter Kochsalzlösung als auch in destilliertem Wasser sichtbare Veränderungen der Zellen zu erwarten. Als Ursachen dieser Veränderungen könnten anatomische Besonderheiten der Zellen (Plasmalemma, Zellwand, Zytoplasma, Vakuole) und bestimmte Vorgänge der Stoffaufnahme (Diffusion, Osmose) der Zellen infrage kommen.

2. Schritt: Ableiten und Formulieren der Hypothese

Zunächst werden lebende Zellen im Ausgangszustand (A) mit lebenden Zellen in Kochsalzlösung (B) verglichen und die beobachteten Veränderungen beschrieben. Danach erfolgt der Vergleich der lebenden Zellen im Ausgangszustand (A) mit den Zellen im destillierten Wasser sowie die Beschreibung der Beobachtungsergebnisse. Danach werden entsprechende mikroskopische Zeichnungen angefertigt.
Mithilfe theoretischer Kenntnisse (Struktur und Funktion der Zelle bzw. der Zellbestandteile, biochemische und biophysikalische Vorgänge der Stoffaufnahme) werden die möglichen Ursachen für die Veränderungen und die Vorgänge der Plasmolyse und Deplasmolyse erläutert.

3. Schritt: Gedankliche Ausarbeitung eines Planes zur Durchführung der Beobachtung

Werden lebende Pflanzenzellen der Roten Küchenzwiebel in konzentrierte Kochsalzlösung gelegt, löst sich der Protoplast der Zelle von der Zellwand ab und schrumpft. Die Ablösung des Protoplasten erfolgt nicht immer glatt, das Plasma zeigt insbesondere im Bereich der Plasmodesmen eine mehr oder weniger starke Wandhaftung. Zwischen Zellwand und schrumpfendem Protoplast sind dünne Plasmafäden (Hecht'sche Fäden) zu beobachten, die beim weiteren Schrumpfen des Protoplasten abreißen. Ersetzt man die konzentrierte Kochsalzlösung durch destilliertes Wasser, vergrößert sich der Protoplast, bis der Plasmaschlauch an der Zellwand anliegt und der Ausgangszustand wieder erreicht ist.

4. Schritt: Durchführung der Beobachtung und Erfassen der gewonnenen Ergebnisse

Werden lebende Zellen in eine hypertonische Lösung gelegt, d. h. ist die Konzentration der im Zellsaft der Vakuole bzw. Zytoplasma gelöst vorliegenden Stoffe geringer als das Zelläußere (hypotonisch), erfolgt durch die Eigenbewegung der Teilchen durch die semipermeablen Membranen (Plasmalemma bzw. Tonoplast) ein osmotischer Wasseraustritt in Richtung des Konzentrationsgefälles. Als Folge verkleinert sich die Vakuole bzw. der Protoplast und löst sich von der Zellwand ab. Dieser Vorgang wird Plasmolyse genannt. In einer hypotonischen Lösung tritt Deplasmolyse ein. Die Zelle bzw. Vakuole nimmt osmotisch Wasser auf, und zwar so lange, bis der steigende Wanddruck der Zelle den osmotischen Druck ausgleicht und einen weiteren Wassereintritt verhindert.

5. Schritt: Auswerten und Deuten der ermittelten Ergebnisse

176 / Lösungen

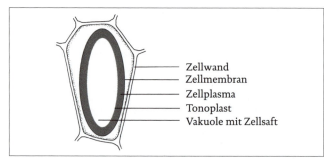

6. Schritt: Anfertigen von mikroskopischen Zeichnungen:
- Lebende Zellen der Roten Küchenzwiebel in konzentrierter Kochsalzlösung

- Lebende Zellen der Roten Küchenzwiebel in destilliertem Wasser

Aufgabe 81 Die Gewebestücke in der ersten Schale befinden sich in Leitungswasser. Leitungswasser stellt gegenüber dem Zellinneren der Zellen der Kartoffel eine hypotonische Lösung dar. Die Zellmembran der Zellen ist semipermeabel. Deshalb werden wahrscheinlich die Wassermoleküle ins Zellinnere der Zellen diffundieren. Entsprechend könnte sich die Gewebespannung der Gewebestücke erhöhen und eine Volumenzunahme erfolgen.
Die Gewebestücke in der zweiten Schale befinden sich in einer 0,6 molaren Zuckerlösung. Diese Lösung stellt gegenüber dem Zellinneren der Zellen des Gewebestückes eine hypertonische Lösung dar. Deshalb ist ein osmotischer Wasseraustritt zu erwarten. Am Ende des Experiments ist deshalb ein Erschlaffen des Gewebestückes und eine Verringerung des Volumens zu erwarten.

Aufgabe 82 1. **Beschreibung der Ergebnisse:**
Bei niedriger DNP-Konzentration erfolgt eine relativ hohe Glucoseresorption. Die Resorption der Sorbose ist relativ gering. Mit steigender DNP-Konzentration nimmt die Glucoseresorption stark ab und bleibt auf niedrigem Niveau. Die Aufnahme der Sorbose ändert sich kaum.

Formulieren des Problems:
Welche Transportformen ermöglichen die Resorption der Zucker Glucose und Sorbose vom Dünndarm in das Blut?

2. **Formulieren der Hypothesen:**
Die Aufnahme von Glucose und Sorbose könnte durch aktive oder passive Transportvorgänge erfolgen.

3. **Interpretation der Ergebnisse:**
Die Ergebnisse zeigen, dass bei höheren DNP-Gaben die Resorption von Glucose reduziert wird. Die Aufnahme der Glucose erfolgt wahrscheinlich durch aktive Transportvorgänge, da DNP die ATP-Bildung verhindert und somit kein ATP für den aktiven Transport zur Verfügung steht.
Die Aufnahme der Sorbose wird durch die hohen DNP-Gaben nicht beeinflusst, sodass hier vermutlich die Resorption durch passive Transportvorgänge erfolgt.

Aufgabe 83

1. **Formulieren von Hypothesen:**
   Hypothese 1:   Der Blütenbesuch erfolgt zufällig.
   Hypothese 2:   Ursache für den Blütenbesuch könnte die Blütenform sein.
   Hypothese 3:   Samtfalter werden durch Farben von den Blüten angelockt.
   Hypothese 4:   Hunger löst den Blütenbesuch aus.
   Hypothese 5:   Der Balzflug wird durch die Form des Weibchens ausgelöst.
   Hypothese 6:   Der Balzflug kann durch die Farbe der Attrappen ausgelöst werden.
   Hypothese 7:   Innere Vorgänge sind für die Auslösung des Balzfluges verantwortlich.
   Hypothese 8:   Bewegungen von Objekten lösen den Balzflug aus.

2. **Auswertung der Ergebnisse der Attrappenexperimente:**
Die Ergebnisse zum Blütenbesuch der Samtfalter zeigen, dass weiße, braune und schwarze Attrappen keinen Blütenbesuch auslösen. Besonders stark reagieren die Samtfalter auf blaue und gelbe Blütenattrappen, rote und grüne Attrappen werden weniger häufig angeflogen.
Für das Auslösen des Balzfluges ist die Farbe der Attrappen ohne Bedeutung. Die Samtfalter reagieren mit etwa gleicher Intensität auf die unterschiedlich gefärbten Attrappen.

Vergleich der Ergebnisse mit den Hypothesen:
Der Balzflug und der Blütenbesuch werden vorrangig durch bestimmte äußere Reize, sogenannte Schlüsselreize, ausgelöst. Der Schlüsselreiz für den Blütenbesuch der Samtfalter sind besonders gelbe und blaue Flächen

(Bestätigung der Hypothese 3). Ob das Verhalten des Blütenbesuchs ausgelöst wird, hängt aber auch von der Stärke der Handlungsbereitschaft (innere Bedingungen, z. B. Hunger) ab. So reagieren hungrige Tiere mit hoher Handlungsbereitschaft für Nahrungsaufnahme nicht auf Schlüsselreize für den Balzflug (Bestätigung der Hypothese 4).

Für die Auslösung des Balzfluges ist die Farbe als Schlüsselreiz ohne Bedeutung, da alle unterschiedlich gefärbten Attrappen gleich häufig angeflogen werden (Hypothese 6 nicht bestätigt). Wichtig ist, dass die Umrissform sich bewegt und sich gegen den Himmel dunkel abhebt (Bestätigung von Hypothese 8). Auch hier zeigt sich, dass eine hohe Handlungsbereitschaft für das Balzverhalten den Balzflug auslöst, nicht aber Blütenbesuche (Bestätigung von Hypothese 7).

Aufgabe 84 pH-Wert-Bestimmung von zwei Bodenproben — *1. Schritt: Aufgabe*

Für die Untersuchungen wird der pH-Wert auf kolorimetrischem Wege, durch Verfärbung eines Indikators festgestellt. Die Bestimmung kann durch die Czensny-Indikatorprobe oder durch die Unitest-Papierprobe erfolgen. — *2. Schritt: Vorüberlegungen*

Die aufgeführten Geräte und Chemikalien werden schriftlich angefordert: Reagenzgläser, Erlenmeyerkolben (100 ml), Bechergläser, Trichter, Glasstab, Filterpapier, Spatel oder Löffel, Reagenzglasgestell, zwei Bodenproben (lufttrocken), Czensny-Indikatorlösung, Unitest-Indikatorpapier, destilliertes Wasser. — *3. Schritt: Geräte/Chemikalien*

20 g Bodenprobe mit 50 ml destilliertem Wasser aufschwemmen und kräftig schütteln. Nach dem Absetzen der Bodenteilchen mit den entsprechenden Indikatoren untersuchen. — *4. Schritt: Durchführung*

- Czensny-Indikatorprobe: 5 ml des über der Bodenprobe stehenden Wassers filtrieren und in ein Reagenzglas gießen. Vier Tropfen Czensny-Indikatorlösung zugeben und umschütteln. Den entstandenen Farbton mit dem Farbton der Vergleichsskala vergleichen und den entsprechenden pH-Wert ablesen.
- Unitest-Papierprobe: Ein Papierstreifen Unitest-Indikatorpapier wird in das über der Bodenprobe stehende Wasser getaucht. Die nach dem Anfeuchten des Papiers auftretende Färbung wird mit der Vergleichsskala verglichen. Den pH-Wert an der Stelle ablesen, an der die Farbe der Vergleichsskala mit der Farbe des angefeuchteten Papiers übereinstimmt.

Aufgrund der angegebenen Werte wird der Boden entsprechend der ermittelten Werte beurteilt: — *5. Schritt: Auswertung*

bis 4	sehr stark sauer	5,3–6,4	schwach sauer
4,1–4,5	stark sauer	6,5–7,4	neutral
4,6–5,2	sauer	über 7,5	basisch

Aufgabe 85 Bearbeitungshinweis: Ausgehend von der Bruttogleichung könnte die Wirkung verschiedener Umweltfaktoren auf die Fotosyntheseleistung untersucht werden. Dabei ist zu überprüfen, wie möglichst einfach der Einfluss z. B. von Licht, Kohlenstoffdioxid, Wasser oder Temperatur quantitativ nachgewiesen werden kann. Möglich ist dabei, den bei der Fotosynthese frei werdenden Sauerstoff quantitativ zu bestimmen. Dazu eignen sich z. B. Wasserpflanzen, bei denen der frei werdende Sauerstoff an die Atmosphäre abgegeben wird und die Anzahl der aufsteigenden Bläschen eine entsprechende Fotosyntheseleistung wiedergibt.
Als möglicher Umweltfaktor könnte Licht gewählt werden, da die unterschiedlichen Lichtstärken im Experiment relativ einfach zu realisieren sind.
Nachfolgend wird die Planung eines möglichen Experiments vorgestellt. Andere mögliche Experimente mit der Wirkung verschiedener Umweltfaktoren können selbst geplant werden.

Abhängigkeit der Fotosyntheseleistung von der Lichtstärke	1. Schritt: Aufgabe
Eine geeignete Wasserpflanze (z. B. Kanadische Wasserpest) in einem Reagenzglas so befestigen, dass aufsteigende O_2-Bläschen gut zu sehen sind. Die Lichtstärke könnte durch Verwendung von Lampen mit unterschiedlicher Leistung variiert werden. Eine andere Möglichkeit besteht darin, die Pflanze aus unterschiedlichen Entfernungen mit einer entsprechenden Lampe gleicher Leistung zu bestrahlen.
Die Anzahl der aufsteigenden O_2-Bläschen muss sich bei geringer Lichtstärke verringern und bei höherer Lichtstärke vergrößern.	2. Schritt: Vorüberlegungen
Die aufgeführten Geräte und Chemikalien werden schriftlich angefordert: Sprosse der Wasserpest *(Elodea canadensis)*, Reagenzglas, Reagenzglasgestell, Schaumgummi/Styroporstücke, 100-Watt-Lichtquelle	3. Schritt: Geräte/Chemikalien
Frische Sprosse der Wasserpest werden in einem mit Wasser gefüllten Reagenzglas mithilfe des Schaumgummis so befestigt, dass die Schnittstellen etwa 2 cm unter dem Wasserspiegel liegen. Das Reagenzglas wird mit der 100-Watt-Lichtquelle aus unterschiedlichen Entfernungen (20, 50, 70, 100 cm) bestrahlt. Für jede Lichtstärke bzw. Entfernung zählt man die aufsteigenden O_2-Bläschen pro Minute. Die Ergebnisse werden in Form einer Tabelle erfasst:	4. Schritt: Durchführung

Abstand der Lichtquelle	Anzahl der O_2-Bläschen	⌀
20 cm	12, 11, 10	11
50 cm	6, 5, 7	6
70 cm	3, 2, 4	3
100 cm	1, 1, 1	1

Die Ergebnisse zeigen deutlich, dass mit geringerer Lichtstärke (entsprechend der größeren Entfernung der Lichtquelle von der Pflanze) die Anzahl der O_2-Bläschen und damit die Fotosyntheseleistung abnimmt. Damit konnte die direkte Abhängigkeit der Fotosyntheseleistung (Lichtreaktion der Fotosynthese) von der Lichtstärke nachgewiesen werden.	5. Schritt: Auswertung

Aufgabe 86 Nachweis von Eiweiß in Pflanzen/Pflanzenteilen
Eiweiß kann mit konzentrierter Salpetersäure (Xanthoproteinreaktion) nachgewiesen werden. Ein weiterer Nachweis für Eiweiß erfolgt durch die Biuretreaktion.
Die aufgeführten Geräte und Chemikalien werden schriftlich angefordert: Reagenzgläser, Reagenzglashalter, Reagenzglasgestell, Brenner, konzentrierte Salpetersäure (HNO_3), Ammoniaklösung (25 %), Natriumhydroxidlösung, Kupfersulfatlösung, Kartoffelpresssaft.
1. Möglichkeit: Probe (Pflanzenteile/Kartoffelpresssaft) in ein Reagenzglas bringen, eventuell zerkleinern und mit Wasser versetzen. Etwa 2 ml konzentrierte Salpetersäure zugeben und leicht erwärmen. Bei Vorhandensein von Eiweiß tritt Gelbfärbung auf, die nach Zugabe von Ammoniak in Orange umschlägt (Xanthoproteinreaktion).
2. Möglichkeit: Die mit Natronlauge alkalisch gemachte Probelösung mit Kupfersulfatlösung versetzen und leicht erwärmen. Eine Violettfärbung zeigt Eiweiß an.
Mithilfe der Xanthoproteinreaktion kann durch eine charakteristische Gelbfärbung, die nach Zusatz von Ammoniak in Orange umschlägt, in Pflanzen bzw. Pflanzenteilen Eiweiß nachgewiesen werden.
Der Nachweis kann auch durch die Biuretreaktion erfolgen. Violettfärbung der Probe zeigt Eiweiß an.

1. Schritt: Aufgabe
2. Schritt: Vorüberlegungen
3. Schritt: Geräte/Chemikalien
4. Schritt: Durchführung
5. Schritt: Auswertung

Aufgabe 87

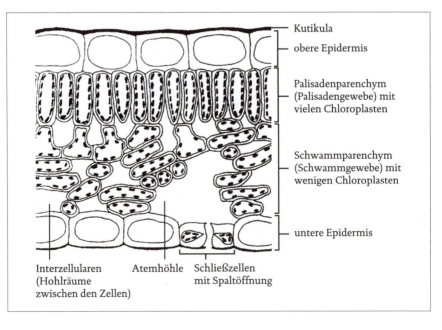

Die mikroskopische Zeichnung gibt schematisch den Grundbauplan eines typischen Laubblattes wieder. Als Präparate können entsprechende Frischpräparate der Christrose *(Helleborus niger)* oder entsprechende Dauerpräparate benutzt werden. Eine beschriftete Zeichnung eines typischen Laubblattquerschnittes sieht wie oben gezeigt aus.

Der Vergleich der Laubblattquerschnitte könnte in Form einer Tabelle erfolgen:

Merkmale	Blatt des Oleander	typisches Laubblatt
Gemeinsamkeiten	• gleicher Grundaufbau (obere und untere Epidermis, Palisadengewebe, Schwammgewebe, Interzellularen, Spaltöffnungen)	
Unterschiede	• mehrschichtige Epidermis • dicke Kutikula • eventuell Wachsüberzüge und tote Haare • eingesenkte Spaltöffnungen	• einschichtige Epidermis • Kutikula ausgebildet • Spaltöffnungen in der unteren Epidermis

Der Oleander ist eine Pflanze trockener, stark besonnter Standorte, weil besondere Strukturmerkmale wie
- dicke Kutikula,
- mehrschichtige Epidermis,
- eingesenkte Spaltöffnungen

eine übermäßige Transpiration verhindern.

Aufgabe 88 Die Beobachtungen der Querschnitte können mithilfe entsprechender Dauerpräparate durchgeführt werden. Die Abbildungen zeigen die zu beobachtenden Querschnitte vom Laubmoosstämmchen und dem Stängel einer Samenpflanze. Die Beschriftung der mikroskopischen Zeichnung soll den typischen Aufbau aufzeigen und folgende Gewebeelemente enthalten: Epidermis, Grundgewebe, einfache Leitungsbahnen bzw. Leitgewebe, Festigungsgewebe.

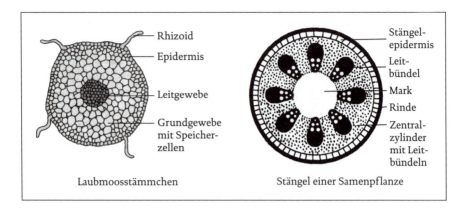

Schlussfolgerungen:
Moose zeigen eine geringe Gewebedifferenzierung. Die einschichtige Epidermis ist dünnwandig und bietet nur einen geringen Verdunstungsschutz. Sie besitzen nur einfache Leitungsbahnen und nehmen daher Wasser und Nährsalze durch die gesamte Oberfläche auf. Moose sind deshalb stark umweltabhängig und besiedeln Standorte mit hoher Boden- und Luftfeuchtigkeit. Die Sprossachse der Samenpflanzen zeigt deutlich die Ausbildung zahlreicher differenzierter Gewebe. Sie enthalten z. B. Leitbündel mit Sieb- und Gefäßteil. Dies ermöglicht einen ungehinderten Wassertransport und eine rasche Wasserversorgung aller Pflanzenteile auch bei starker Wasserverdunstung. Damit ist eine Besiedlung unterschiedlicher und extremer Standorte möglich.

Aufgabe 89 C 1: Interphase
B 7: Prophase
A 5: Metaphase
F 5: Anaphase
E 7: Telophase

Prophase (B 7): Chromatin verdichtet und verkürzt sich. Chromosomen werden sichtbar. Kernhülle zerfällt, Kernkörperchen werden aufgelöst.
Metaphase (A 5): Chromosomen erreichen maximale Verkürzung und rücken in die Äquatorialebene. Jedes Chromatid eines Chromosoms ist durch die Spindelfasern mit einem der beiden Pole verbunden.
Anaphase (F 5): Chromatide werden durch Verkürzung der Spindelfasern zu den entgegengesetzten Polen auseinandergezogen. Jeder Pol erhält einen vollständigen Chromatidensatz.

Telophase (E 7): Die Chromatide entfalten und entschrauben sich an den Polen zu Chromatinfäden. Es entstehen die neuen Kernmembrane und zwei neue Zellkerne sind entstanden.

Interphase (C 1): Erbsubstanz liegt als Chromatin vor. Man unterscheidet
G_1-Stadium: Wachstumsstadium der Zelle
S-Stadium: Verdopplung der Erbsubstanz
G_2-Stadium: Zeit bis zum Beginn der Prophase

Die Abbildung zeigt alle Mitosestadien, am häufigsten kann man Interphasestadien beobachten.

Aufgabe 90
A 1* → 6 → 7 Artname: **Spitz-Ahorn** *(Acer platanoides L.)*
B 1 → 2 → 3*→ 4*→ 5* Artname: **Gemeine Esche** *(Fraxinus excelsior L.)*
C 1 → 2 → 3*→ 4 Artname: **Robinie** *(Robinia pseudoacacia L.)*
D 1* → 6* → 7* Artname: **Stiel-Eiche** *(Quercus robur L.)*
E 1 → 2 → 3*→ 4*→ 5 Artname: **Eberesche** *(Sorbus aucuparia L.)*

Aufgabe 91
A 1* Artname: **Berg-Ahorn** *(Acer pseudo-platanus L.)*
B 1 → 2* Artname: **Feld-Ahorn** *(Acer campestre L.)*
C 1 → 2 Artname: **Spitz-Ahorn** *(Acer platanoides L.)*

Aufgabe 92 *Bearbeitungshinweis:* Zur Bestimmung können verschiedene Bestimmungsbücher mit dichotomen Bestimmungsschlüssel verwendet werden, hier: Exkursionsflora, Gefäßpflanzen: Grundband. Hrsg. von M. Bäßler, J. Jäger und K. Werner, Gustav Fischer Verlag, Jena 1996

1*→ 2 Tabelle II: **Nacktsamige Pflanzen** (Unterstamm) weiter S. 75: Aufsuchen von Tabelle II	1. Schritt: Bestimmung der Hauptgruppe
1*→ 2*→ 3*→ 4*→ 6* Familie: **Kieferngewächse** – *Pinaceae* weiter S. 124: Kieferngewächse – *Pinaceae*	2. Schritt: Bestimmungsweg bis zum Auffinden der Pflanzenfamilie
1*→ 2 Gattung: **Kiefer** – *Pinus* weiter S. 126: Kiefer – *Pinus*	3. Schritt: Bestimmungsweg bis zum Auffinden der Gattung
1*→ 3*→ 4 Art: **Schwarz-Kiefer** – *Pinus nigra*	4. Schritt: Bestimmungsweg bis zum Auffinden der Art
Reich: Pflanzen Ordnung: Kiefernartige Stamm: Samenpflanzen Familie: Kieferngewächse Unterstamm: Nacktsamige Pflanzen Gattung: Kiefer Klasse: Kiefernähnliche Art: Schwarz-Kiefer	5. Schritt: Einordnung der Art Schwarz-Kiefer in die taxonomischen Kategorien

184 / Lösungen

Aufgabe 93 Pflanze A: 1→ 2* Artname: **Acker-Hellerkraut** – *Thlaspi arvense*
Pflanze B: 1*→ 3 → 4* Artname: **Acker-Senf** – *Sinapis arvensis*

Aufgabe 94 *Bearbeitungshinweis:* Zur Bestimmung können verschiedene Bestimmungsbücher mit dichotomen Bestimmungsschlüssel verwendet werden, hier: Exkursionsflora, Gefäßpflanzen: Grundband. Hrsg. von M. Bäßler, J. Jäger und K. Werner, Gustav Fischer Verlag, Jena 1996

1*→ 2 Tabelle II: **Nacktsamige Pflanzen**; weiter S. 75	1. Schritt: Bestimmung der Hauptgruppe
1*→ 2*→ 3*→ 4*→ 5* Familie: **Kieferngewächse** – *Pinaceae*; weiter S. 124	2. Schritt: Bestimmung der Pflanzenfamilie
1: Lärche – *Larix*; weiter S. 126	3. Schritt: Bestimmung der Gattung
1*: deutscher Artname: **Europäische Lärche**; wissenschaftlicher Artname: *Larix decidua Mill.*	4. Schritt: Bestimmung der Art

Aufgabe 95 *Bearbeitungshinweis:* Zur Bestimmung können verschiedene Bestimmungsbücher mit dichotomen Bestimmungsschlüssel verwendet werden, hier: Exkursionsflora, Gefäßpflanzen: Grundband. Hrsg. von M. Bäßler, J. Jäger und K. Werner, Gustav Fischer Verlag, Jena 1996

A: Bestimmungstabelle Familie der Kreuzblütengewächse – *Brassicaceae* S. 203

1→ Tabelle A: **Schotenförmige Kreuzblütengewächse** weiter S. 204: Tabelle A 1*→ 2*→ 30*→ 31→ 32 → 33: Gattung: **Lauchhederich** – *Alliaria*	1. Schritt: Bestimmungsweg bis zum Auffinden der Gattung
weiter S. 210: Lauchhederich – *Alliaria*; Art: **Knoblauchsrauke** – *Alliaria petiolata*	2. Schritt: Bestimmungsweg bis zum Auffinden der Art

B: Bestimmungstabelle Familie der Schmetterlingsgewächse – *Fabaceae* S. 300

1*→ 2*→ 3*→ 6*→ 7*→ 19*→ 35*→ 36*→ 38* Gattung: **Erbse** – *Pisum*	1. Schritt: Bestimmungsweg bis zum Auffinden der Gattung
weiter S. 319: **Erbse** – *Pisum*; Art: **Garten-Erbse** – *Pisum sativum*	2. Schritt: Bestimmungsweg bis zum Auffinden der Art

C: Bestimmungstabelle Familie der Lippenblütengewächse – *Lamiaceae* S. 417

1*→ 3*→ 4*→ 7*→ 8*→ 11*→ 13*→ 14*→ 15*→ 16*→ 19*→ 26*→ 28; Gattung: **Taubnessel** – *Lamium*	1. Schritt: Bestimmungsweg bis zum Auffinden der Gattung
weiter S. 425: **Taubnessel** – *Lamium*; 1 Art: **Weiße Taubnessel** – *Lamium album*	2. Schritt: Bestimmungsweg bis zum Auffinden der Art

Sicher durch das Abitur!

Effektive Abitur-Vorbereitung für Schülerinnen und Schüler:
Klare Fakten, systematische Methoden, prägnante Beispiele sowie Übungsaufgaben auf Abiturniveau mit erklärenden Lösungen zur Selbstkontrolle.

Mathematik

Analysis – LK	Best.-Nr. 940021
Analysis mit CAS	Best.-Nr. 540021
Analytische Geometrie	Best.-Nr. 940051
Analytische Geometrie und lineare Algebra 2	Best.-Nr. 54008
Analytische Geometrie – mit Hinweisen zu GTR-/CAS-Nutzung	Best.-Nr. 540038
Stochastik	Best.-Nr. 94009
Analysis – Bayern	Best.-Nr. 9400218
Analysis Pflichtteil Baden-Württemberg (Abitur 2012/13)	Best.-Nr. 840018
Analysis Wahlteil Baden-Württemberg (Abitur 2012/13)	Best.-Nr. 840028
Analytische Geometrie Pflicht- und Wahlteil Baden-Württemberg (Abitur 2012/13)	Best.-Nr. 840038
Stochastik Pflicht- und Wahlteil Baden-Württemberg (Abitur 2013)	Best.-Nr. 840091
Klausuren Mathematik Oberstufe	Best.-Nr. 900461
Kompakt-Wissen Abitur Analysis	Best.-Nr. 900151
Kompakt-Wissen Abitur Analytische Geometrie	Best.-Nr. 900251
Kompakt-Wissen Abitur Wahrscheinlichkeitsrechnung und Statistik	Best.-Nr. 900351
Kompakt-Wissen Abitur Kompendium Mathematik – Bayern	Best.-Nr. 900152

Chemie

Chemie 1 – Gleichgewichte · Energetik · Säuren und Basen · Elektrochemie	Best.-Nr. 84731
Chemie 2 – Naturstoffe · Aromatische Verbindungen · Kunststoffe	Best.-Nr. 84732
Chemie 1 – Bayern Aromatische Kohlenwasserstoffe · Farbstoffe · Kunststoffe · Biomoleküle · Reaktionskinetik	Best.-Nr. 947418
Methodentraining Chemie	Best.-Nr. 947308
Rechnen in der Chemie	Best.-Nr. 84735
Abitur-Wissen Protonen und Elektronen	Best.-Nr. 947301
Abitur-Wissen Struktur der Materie und Kernchemie	Best.-Nr. 947303
Abitur-Wissen Stoffklassen organischer Verbindungen	Best.-Nr. 947304
Abitur-Wissen Biomoleküle	Best.-Nr. 947305
Abitur-Wissen Biokatalyse und Stoffwechselwege	Best.-Nr. 947306
Abitur-Wissen Chemie am Menschen – Chemie im Menschen	Best.-Nr. 947307
Kompakt-Wissen Abitur Chemie Organische Stoffklassen Natur-, Kunst- und Farbstoffe	Best.-Nr. 947309
Kompakt-Wissen Abitur Chemie Anorganische Chemie, Energetik · Kinetik · Kernchemie	Best.-Nr. 947310

Biologie

Biologie 1 – Strukturelle und energetische Grundlagen des Lebens · Genetik und Gentechnik · Neuronale Informationsverarbeitung	Best.-Nr. 947018
Biologie 2 – Evolution · Der Mensch als Umweltfaktor – Populationsdynamik und Biodiversität · Verhaltensbiologie	Best.-Nr. 947028
Biologie 1 – Baden-Württemberg, Zell- und Molekularbiologie · Genetik · Neuro- und Immunbiologie	Best.-Nr. 847018
Biologie 2 – Baden-Württemberg, Evolution · Angewndte Biologie	Best.-Nr. 847028
Biologie 1 – NRW, Zellbiologie, Genetik, Informationsverarbeitung, Ökologie	Best.-Nr. 54701
Biologie 2 – NRW, Angewandte Genetik · Evolution	Best.-Nr. 54702
Chemie für den LK Biologie	Best.-Nr. 54705
Grundlagen, Arbeitstechniken und Methoden	Best.-Nr. 94710
Abitur-Wissen Genetik	Best.-Nr. 94703
Abitur-Wissen Neurobiologie	Best.-Nr. 94705
Abitur-Wissen Verhaltensbiologie	Best.-Nr. 94706
Abitur-Wissen Evolution	Best.-Nr. 94707
Abitur-Wissen Ökologie	Best.-Nr. 94708
Abitur-Wissen Zell- und Entwicklungsbiologie	Best.-Nr. 94709
Klausuren Biologie Oberstufe	Best.-Nr. 907011
Kompakt-Wissen Abitur Biologie Zellbiologie · Genetik · Neuro- und Immunbiologie Evolution – Baden-Württemberg	Best.-Nr. 84712
Kompakt-Wissen Abitur Biologie Zellen und Stoffwechsel Nerven · Sinne und Hormone · Ökologie	Best.-Nr. 94712
Kompakt-Wissen Abitur Biologie Genetik und Entwicklung Immunbiologie · Evolution · Verhalten	Best.-Nr. 94713
Kompakt-Wissen Abitur Biologie Fachbegriffe der Biologie	Best.-Nr. 94714

(Bitte blättern Sie um)

Sicher durch das Abitur!

Effektive Abitur-Vorbereitung für Schülerinnen und Schüler: Klare Fakten, systematische Methoden, prägnante Beispiele sowie Übungsaufgaben auf Abiturniveau <u>mit erklärenden Lösungen zur Selbstkontrolle</u>.

Physik

Elektromagnetisches Feld und Relativitätstheorie	Best.-Nr. 943028
Mechanik	Best.-Nr. 94307
Abitur-Wissen Elektrodynamik	Best.-Nr. 94331
Kompakt-Wissen Abitur Physik 1 – Mechanik, Thermodynamik, Relativitätstheorie	Best.-Nr. 943012
Kompakt-Wissen Abitur Physik 2 – Elektrizitätslehre, Magnetismus, Elektrodynamik, Wellenoptik	Best.-Nr. 943013
Kompakt-Wissen Abitur Physik 3 Atom-, Kern- und Teilchenphysik	Best.-Nr. 943011

Erdkunde/Geographie

Erdkunde – Atmosphäre · Relief- und Hydrosphäre · Wirtschaftsprozesse und -strukturen · Verstädterung	Best.-Nr. 94909
Geographie 1 – Bayern	Best.-Nr. 94911
Geographie 2 – Bayern	Best.-Nr. 94912
Geographie – Baden-Württemberg	Best.-Nr. 84904
Erdkunde – NRW	Best.-Nr. 54902
Abitur-Wissen Entwicklungsländer	Best.-Nr. 94902
Abitur-Wissen Die USA	Best.-Nr. 94903
Abitur-Wissen Europa	Best.-Nr. 94905
Abitur-Wissen Der asiatisch-pazifische Raum	Best.-Nr. 94906
Abitur-Wissen GUS-Staaten/Russland	Best.-Nr. 94908
Kompakt-Wissen Abitur Erdkunde Allgemeine Geografie · Regionale Geografie	Best.-Nr. 949010
Kompakt-Wissen Abitur – Bayern Geographie Q11/Q12	Best.-Nr. 9490108
Lexikon Erdkunde	Best.-Nr. 94904

Englisch

Übersetzung	Best.-Nr. 82454
Grammatikübungen	Best.-Nr. 82452
Themenwortschatz	Best.-Nr. 82451
Grundlagen, Arbeitstechniken und Methoden mit Audio-CD	Best.-Nr. 944601
Sprachmittlung Deutsch – Englisch Englisch – Deutsch	Best.-Nr. 94469
Sprechfertigkeit mit Audio-CD	Best.-Nr. 94467
Klausuren Englisch Oberstufe	Best.-Nr. 905113
Abitur-Wissen Landeskunde Großbritannien	Best.-Nr. 94461
Abitur-Wissen Landeskunde USA	Best.-Nr. 94463
Abitur-Wissen Englische Literaturgeschichte	Best.-Nr. 94465
Kompakt-Wissen Abitur Themenwortschatz	Best.-Nr. 90462
Kompakt-Wissen Abitur Landeskunde/Literatur	Best.-Nr. 90463
Kompakt-Wissen Kurzgrammatik	Best.-Nr. 90461
Kompakt-Wissen Grundwortschatz	Best.-Nr. 90464

Deutsch

Dramen analysieren und interpretieren	Best.-Nr. 944092
Erörtern und Sachtexte analysieren	Best.-Nr. 944094
Gedichte analysieren und interpretieren	Best.-Nr. 944091
Epische Texte analysieren und interpretieren	Best.-Nr. 944093
Abitur-Wissen Erörtern und Sachtexte analysieren	Best.-Nr. 944064
Abitur-Wissen Textinterpretation Lyrik · Drama · Epik	Best.-Nr. 944061
Abitur-Wissen Deutsche Literaturgeschichte	Best.-Nr. 94405
Abitur-Wissen Prüfungswissen Oberstufe	Best.-Nr. 94400
Kompakt-Wissen Rechtschreibung	Best.-Nr. 944065

Natürlich führen wir noch mehr Titel für alle Fächer und Stufen: Alle Informationen unter
www.stark-verlag.de

Bestellungen bitte direkt an:
STARK Verlagsgesellschaft mbH & Co. KG · Postfach 1852 · 85318 Freising
Tel. 0180 3 179000* · Fax 0180 3 179001* · www.stark-verlag.de · info@stark-verlag.de
*9 Cent pro Min. aus dem deutschen Festnetz, Mobilfunk bis 42 Cent pro Min.
Aus dem Mobilfunknetz wählen Sie die Festnetznummer: 08167 9573-0

Lernen • Wissen • Zukunft
STARK